再起動する世界経済

「闇の支配者」が仕組んだ米中の解体と権力者たちの退場

ベンジャミン・フルフォード
Benjamin Fulford

Rebooting the global economy

清談社
Publico

再起動する世界経済

「闇の支配者」が仕組んだ　米中の解体と権力者たちの退場

ベンジャミン・フルフォード

清談社
Publico

はじめに　「既存体制」が崩壊する時代に、日本は何をすべきか

世界では旧権力体制の排除が加速している。

欧米の権力層、とりわけ戦後体制のしくみで利益を得てきた国、ロックフェラーやロスチャイルドといった旧勢力（ハザールマフィア）は平静を装っているが、彼らの最期は着実に迫っている。

英語に「Circling the drain（排水口で渦巻く）」という慣用句がある。

旧権力体制の崩壊は、水が渦を巻いて排水口に流れ落ちていくように必然かつ不可逆的な流れであり、この状況が後戻りすることはない。

それにともない、各国指導者たちの「入れ替え作業」が始まっている。

たとえば、2024年8月14日、日本の岸田文雄《きしだふみお》総理が突如、「9月の自民党総裁選には立候補しない」と表明した。

権力の座から退くのは彼だけではない。退陣に追い込まれるであろう指導者として真っ先に思い当たるのが、ウクライナのウォロディミル・ゼレンスキー大統領とイスラエルの

ベンヤミン・ネタニヤフ首相だ。

その後、アングロサクソン圏のファイブ・アイズ（イギリス、アメリカ、カナダ、オーストラリア、ニュージーランド）の既存体制も一掃される見込みだ。

複数の当局筋によると、この西側指導者たちを入れ替える動きは、２０２４年10月に予定されているＢＲＩＣＳ（ブラジル、ロシア、インド、中国、南アフリカ、イラン、エジプト、アラブ首長国連邦［ＵＡＥ］、エチオピアの9カ国からなる国際会議）との交渉に向けた準備の一環なのだという。

日本をめぐっても激しい攻防戦が見られた。ことの始まりは２０２４年7月31日、金融政策決定会合で日本《にっぽん》銀行が追加利上げを決定したことだ。

同日、イランが支援するイスラム組織ハマスの最高幹部が殺害され、イラン国内の戦争派がイスラエルに対して「決して沈黙を守ることはない」と報復を宣言した。

つまり、日銀の追加利上げ発表とイラン対イスラエルの全面戦争が同時に計画されていたことがわかる。

その後、日本の株価が12％下落し、日本円が米ドルに対して10％急騰した。

ＣＩＡ（アメリカ中央情報局）やＭＩ６（イギリス秘密情報部）、モサド（イスラエル諜報《ちょうほう》特務庁）

筋など複数の当局の情報を整理すると、日銀の追加利上げの発表とハマス最高幹部の暗殺の直後から、ロスチャイルドが、日銀と連携して6兆ドル分の株や債券をいっせいに売却した。

その後、ロスチャイルドが利益確保のために買い戻して、相場と円の為替がもとの水準に戻った。

この一連の動きのなかで、ロスチャイルド一族は巨額の利益を手にしたという。

しかし、ロスチャイルドにしてみれば、イラン対イスラエルの全面戦争の可能性に賭けて株や債券を売却したのに、すぐに戦争の勃発にはいたらず、彼らが期待していたほどの利益にはならなかったというのが本音だろう。

また、長年にわたり、円キャリートレード（日本円＝安い利率でお金を借り、レバレッジをかけ、もっと儲《もう》かるところに投資すること）で儲けてきたロックフェラーなどにおいては、軒並み大損を食らっている。

それに関連していると思われるのが、2024年8月8日の「南海《なんかい》トラフ地震臨時情報（巨大地震注意）」の発表だ。

これはロックフェラーの息のかかった勢力による「日本を地震兵器で攻撃する」という

脅しだろう。

日本政府は、長年にわたって繰り返されてきた、この類いの脅しは無視していい。なぜなら、今後、もし日本が地震兵器で攻撃されるようなことがあれば、その報復としてスペイン領カナリア諸島のラ・パルマ島が攻撃されることになっているからだ。

それにより、ラ・パルマ島が山体崩壊を起こせば、大西洋岸各地を100メートル級の巨大津波が襲い、アメリカ東海岸やヨーロッパ南海岸地域は壊滅することになる。

さらには、イスラエルのエルサレムとスイスのジュネーブへの核攻撃も避けられないだろう。

このことは、ハザールマフィアも重々承知しているはずだ。

いずれにせよ、世界はいま、悪事を繰り返す従来の欧米支配階級にうんざりし、呆《あき》れ返っている。

そのため、彼らがどんな脅しや工作をしかけてきても、それに屈するつもりはない。

世界の既存体制の崩壊劇が続き、いずれ完全崩壊するのは時間の問題だ。

目次

再起動する世界経済

「闇の支配者」が仕組んだ
米中の解体と権力者たちの退場

第1章 なぜ世界は再起動へと向かうのか

第2章 再起動するアメリカ経済

第3章 再起動するヨーロッパ経済

第4章 再起動する中東経済

第5章 世界経済の「リセットボタン」が押される日

第1章
なぜ世界は再起動へと向かうのか

2023年7月20日、北京を訪問して習近平国家主席（右）と
会談したヘンリー・キッシンジャー（左）。同年11月29日に他界したが、
欧米旧体制の崩壊を目の当たりにし、失意のなかでの死であったに違いない
（提供：共同通信社。写真は2015年11月2日の会談のもの）

2022年9月、アメリカ政府とFRBは破綻していた

2023年6月ごろ、メディアは「債務上限問題が解決し、アメリカがデフォルト（債務不履行）する事態は回避された」と報じたが、実際には2022年9月の時点でアメリカ政府と連邦準備制度理事会（FRB）は、すでに破綻していた。

その後は「倒産していないふり」をしていただけだ。

FRBのセントルイス連銀が公表したデータを見れば、それがわかりやすい。

このデータによると、2022年9月以降、FRBはアメリカ財務省に対して支払うべき資金の送金ができなくなっていた。

つまり、FRBが不渡りを起こしていたということだ。

それでもFRBとアメリカ政府はウソを重ね、いまも倒産の事実をごまかし続けている。

2022年9～12月期のアメリカ政府の統計を見ると、実質GDP（国内総生産）は前年同月比で2・6％増加した。

ジョー・バイデン政権は、このGDPの数値を強調し、アメリカ経済が回復しているか

のように喧伝《けんでん》した。

しかし、実質GDI（国内総所得）を見ると、3・3%減少していた。GDPとGDIの数値の乖離《かいり》は過去20年間で最大であり、この大きな乖離はアメリカ経済が厳しい状況にあることを示している。

なお、この乖離は2023年1〜3月期にも同様に見られた。

さらに、アメリカ政府はインフレ率を実際より低く見せかけてGDPの伸び率を過大推計（水増し）している。

1980年代前半（統計の捏造《ねつぞう》が横行する以前）のインフレ率の算出方法で計算すると、アメリカのGDPは、本当は年率で20%近く下落していたはずだ。

ほかにもアメリカ政府とFRBは、たくさんのウソをついている。

たとえば、2023年3月以降、アメリカでは銀行の取り付け騒ぎが続き、銀行全体から650億ドルの預金が流出した。

しかし、FRBによる「まやかし」により、いつの間にか480億ドルの預金が流入したかのように数字が捏造された。

ＩＭＦや世界銀行も倒産の事実を隠している

アメリカ政府やＦＲＢだけでなく、国際通貨基金（ＩＭＦ）や世界銀行も倒産の事実を隠している。

国際通貨基金（ＩＭＦ）は29日、パキスタンと30億ドル（約４３００億円）相当の融資で実務者による暫定合意に達したと発表した。ＩＭＦ理事会で7月中の承認をめざす。経済危機に直面する同国を巡っては、ＩＭＦの支援を受けられなければデフォルト（債務不履行）に陥る可能性があると指摘されていた。

（『日本経済新聞』２０２３年6月30日）

問題は、この「実務者による暫定合意」が数年前に成立していたにもかかわらず、実際にはＩＭＦの資金が動かず、融資が実施されなかったことだ。

同29日、同じ状況に立たされたスリランカの中央銀行総裁も次のように発表した。

スリランカ中央銀行の（引用者注＝ナンダラール・）ウィーラシンハ総裁は29日の会見で、国際ソブリン債を保有する海外投資家に元本の30％削減を要請する方針を示した。

（『ロイター通信』２０２３年６月29日）


その翌日、６月30日から５日間、スリランカは、すべての銀行を閉鎖した。

ＩＭＦと世界銀行は２０２３年４月の春季会合で、中国に対して「発展途上国に貸し付けたローンの債権放棄（返済免除）」を求めた。

しかし、中国が「ＩＭＦと世界銀行も発展途上国に貸し付けたローンの返済を同じく免除する必要がある」と条件を提示すると、ＩＭＦと世界銀行は、これを拒絶した。

その後、この議論は進展せず、スリランカは勝手に30％の損失をＩＭＦや世界銀行に負わせたのだ。

このスリランカの動きについて、ＭＩ６筋は「新しい金融インフラを導入するためだった」と伝えている。この試みがスリランカで成功していたら、「ＩＭＦ、世界銀行へのローン返済」を、すべての発展途上国がいっせいに放棄する引き金になっていただろう。

今後、どこかのタイミングで同じような事態になれば、ロックフェラーの出先機関であるＦＲＢや国際連合、ＩＭＦ、世界銀行、国際決済銀行（ＢＩＳ）などの多くの既存機関の倒産が一気に表面化する。

Ｐ３フリーメーソンがしかけた？「オルド・アブ・カオ」

ロックフェラーの息のかかったプロパガンダ・マスコミは２０２３年、「6月22日にアメリカ議会がバイデンに対する弾劾議決案を賛成多数で可決（２１９対２０８で司法委員会と国土安全保障委員会に送ることを決定）した」というニュースすら、ほとんど取り上げなかった。

ＣＩＡを含む多くの筋が、「ロックフェラーの息のかかったマスコミや大統領、ＦＲＢなどに対してアメリカ軍が動き出す公算は大きい」と話している。

しかし、こうした話は、これまでにもさんざん聞かされてきたため、現実となるまでは、引き続き半信半疑の姿勢で状況を見守る必要があるだろう。

ちなみに、フランスでは実際に軍が動き出した。

２０２３年6月27日に17歳の少年が警察官に撃たれて死亡した事件をきっかけに、フランス全土が再びカオス（無秩序状態）に陥った。

この事態を受け、フランス警察の労働組合は、「軍の部隊を配備しないのであれば、われわれは反政府の立場も取りうる」と警告を発した。

イタリアのP3フリーメーソンは、新たなものを生み出す際に「オルド・アブ・カオ（Ordo ab Chao＝カオスから秩序）」という手法をよく取ってきた。ひどい混乱（カオス）が起きれば、それを鎮圧するために一般市民が進んで軍事政権を受け入れるというわけだ。

当時のフランスの状況がP3フリーメーソンの工作の一環である可能性は高い。こうしたことが繰り返されるうちに、ほかの欧米G7（カナダ、ドイツ、イタリア、イギリス、アメリカ）諸国での軍事政権誕生につながることも十分にありうる。

ウクライナ戦争終結に向けた交渉が始まる

2023年7月11～12日に開かれたNATO（北大西洋条約機構）首脳会合の結果を受け、ある情報筋は「これで、もうウクライナ戦争は終わった」と話していた。

それにともない、欧米（とくにアメリカ、イギリスなどのアングロサクソン圏）の「愛国者国際同盟（The Patriots International Alliance）」を名乗るグループが、次の文書（原文は英語）を世界中のジャーナリストやマスコミに送信した。

まずは、そのプレスリリースの概要を一部抜粋して紹介する（引用者訳）。

世界の安全保障のために愛国者国際同盟（以下、同盟）は、ウクライナ戦争がもたらす核紛争の危険を防止し、国際的な平和を推進するため、ロシアとウクライナの両国に対して無条件の即時停戦を呼びかけ、和平交渉の実施を目指す。その際、同盟はアメリカ合衆国大統領、ＥＵ（欧州連合）、ロシア、ウクライナ、ＮＡＴＯに対して、ウクライナへのあらゆる軍事作戦と支援を停止し、停戦に向けたサミット（首脳会議）に移行するよう要請する。

このサミットでは、和平交渉の要件（ウクライナの将来、紛争と破壊地域の再開発計画）が概要として示され、確立されることになるだろう。約30名の代表を招待し、２０２３年８月にマルタで開催される予定だ。（中略）したがって、同盟は関係国に対して以下の勧告を採用するよう提案する。

1．ウクライナへのありとあらゆる形態の支援（軍事および情報）を、ただちに停止すること。
2．ウクライナ領土内で、いかなる形態であれ、奉仕しているすべてのアメリカおよびイギリスの国民を速やかに本国に帰還させること。
3．アメリカとイギリスによるＡＦＵ（ウクライナ軍）の訓練を中止すること。
4．ロシア連邦とウクライナの無条件停戦交渉を、以下の事柄を踏まえて開始すること。

ａ）国際的なロシアの不満に対する認識

ｉ．ドンバスでのＡＦＵおよび関連機関による過去10年間の人道に対する罪。

ⅱ．ウクライナにアメリカ国防総省の生物兵器研究所を設置していることがロシアの国家安全保障に対する脅威であること。

ⅲ．アメリカおよびほかのＮＡＴＯ諸国がウクライナ内政に積極的に介入することにより、ウクライナ国内での反ロシア感情が促進されていること。

b）地域の安全を推進するため、ウクライナに対してロシア連邦との平和的妥協を求めること。

さらに、交渉関係筋によると、「水面下ではロシアとNATOのあいだでウクライナに関する和平条約の骨格が、すでにできあがっている」という。

その内容によれば、ウクライナの黒海《こっかい》沿岸地域がロシア領土となる見込みだ。

ただし、港湾都市オデーサについては非武装地帯とし、かつての香港《ホンコン》のような自由貿易ゾーンになる予定だという。

これにより、ウクライナは問題なく円満に穀物や資源などの輸出ができるようになる。

また、事実上の独立状態にある黒海沿岸の地域アブハジア（Abkhazia、国際的にはジョージアの一部とされている）が正式に独立国家として認められることになるという。

もちろん、その和平条約では、犯罪組織まがいのゼレンスキー政権の一掃も約束されている。

さらに、ドイツで30万人規模の強力なNATO軍隊の新設が認められる予定だが、その軍隊はロシア領土を脅かさない程度の規模に限定されるという。

バイデンの完全失脚後、ロックフェラー体制は崩壊する

ペンタゴン（アメリカ国防総省）筋は、「ウクライナ戦争の終結とともにアメリカのバイデン政権も終わる」と話している。

その過程にあることを示したのが、次のニュースだ。

共和党のマッカーシー米下院議長は27日、ツイッター（引用者注＝現・X）で「下院共和党の調査で内国歳入庁の内部告発者の主張が正しいと分かれば、バイデン（政権）のガーランド司法長官の弾劾調査を始める」と断言した。

（『日本経済新聞』2023年6月30日）

CIA筋によると、「手続き上、まずは司法長官を弾劾訴追することが、バイデン本人

を含めた政府関係者の逮捕につながる」という。

もしウクライナのゼレンスキー政権が一掃されれば、バイデン一家がウクライナで人身売買や武器売買などの犯罪に深く関与していたことが明らかになり、バイデンが完全に失脚するのは時間の問題だ。

また、同筋は、「バイデンが完全に失脚すれば、政権を操るロックフェラー一派の権力体制も間違いなく崩壊する」と伝えている。

実際、ロックフェラーはイーロン・マスクやビル・ゲイツ、アメリカのアントニー・ブリンケン国務長官やジャネット・イエレン財務長官など、自分の手駒を次々と中国に送り込んでいる。

彼らは媚《こび》を売ったり脅迫したりしながら後ろ盾を必死で探しているが、誰も成果を上げられず、手ぶらのまま追い返されている。

2023年7月20日、ついにロックフェラーの筆頭カバン持ちであるヘンリー・キッシンジャーが中国を訪問し、習近平《しゅうきんぺい》と北京《ペキン》で会談した。

その際、キッシンジャーが「米中関係は世界平和と人類社会の進歩にかかわる問題だ」と述べると、習近平はキッシンジャーを「旧友」と繰り返し称《たた》え、「中国人民は決して旧友を忘れることはない」と語った。

しかし、いくら「古くからの友人」と称えられたところで、結局、キッシンジャーも手ぶらで帰された。

複数の情報筋は、「アメリカのロックフェラー体制が崩壊し、新しいしくみが稼働し始める」と見ているようだ。

アメリカ軍は、まずバイデンに対する弾劾手続きの実施状況を見守り、それが終わってから動き出す予定だ。

こうした動きを受け、アメリカ改革派のリーダー的存在であるダグラス・マクレガー（アメリカ軍退役大佐）は、「ワシントンD.C.は、いま、内側に注意を向け、1991年以降続いているアメリカの社会的、経済的、軍事的な衰退に向き合うときが来ている。いまこそアメリカの国家的繁栄の縮小を転換させるときだ」と声を上げた。

これを機に、古きよきアメリカが早く戻るといい。

欧米の最高権力者のキッシンジャーが他界

世界の政財界において、歴史的な地殻変動が進行中だ。

約300年間続いた欧米の世界支配が終わり、新たな「ゆるやかに連帯する多極的な国際体制」の構築に向けて世界が大きく動き出そうとしている。

この地殻変動の波が、既存の国際秩序に対し、目に見えるかたちで、さまざまな異変をもたらしている。

たとえば、2023年11月30日〜12月13日にUAEのドバイで開催された「国連気候変動枠組条約第28回締約国会議（COP28）」も、その異変を感じさせる事象のひとつだ。

この会議には約130の国や地域の代表および7万人の世界の要人が集まった。

「二酸化炭素による地球温暖化」に対して兆ドル単位の大規模プロジェクトが発表されるだろうと予想されていたからだ。

しかし、蓋を開けてみると、わずか数千万ドルの資金しか拠出されていなかった。

一方、2023年10月に開かれた「『一帯一路《いったいいちろ》』国際協力サミットフォーラム」には1

51カ国の代表が集まり、少なくとも972億ドル相当の資金が動いた。ただし、この一帯一路の構想も、「失速している」との指摘が明らかに増えている。

こうして東西両陣営の動きが停滞している理由は、世界金融システムの頂点が交代したからだ。

新しいトップは欧米人ではなくアジア人だと、アジアの結社筋は伝えている。

いずれにせよ、西側欧米が主導する「二酸化炭素による地球温暖化」については、科学的根拠のない詐欺であり、それを理由に兆ドル単位の資金が投入されることはないという。

中国が主導する一帯一路の構想も、発展途上国のインフラ整備プロジェクトとしてある程度は成功したものの、世界が抱える諸問題の解決策というにはほど遠い。

そのため、新たに第3のプロジェクトとして、「世界を網羅する兆ドル単位の大規模な計画」が水面下で準備されているようだ。

2023年11月29日には、長年にわたって欧米の最高権力者のひとりとされてきたキッシンジャーの他界が報じられた。

じつは、「石油ドル体制」を生み出した張本人がキッシンジャーだ。

最期には欧米旧体制の崩壊を目の当たりにし、失意のなかでの死であったに違いない。

キッシンジャーは、２０１７年まで世界の頂点に君臨していたデイヴィッド・ロックフェラーの筆頭カバン持ちであり、デイヴィッドの死後はロックフェラー一派の事実上の司令塔を担ってきた。

バイデン政権を裏からコントロールしていたのもキッシンジャーであるため、彼がいなくなったいま、バイデン劇場が完全に幕を下ろす日も近いだろうといわれている。アメリカ国内でも今後、革命が起きるだろうとの見方が強まっている。「不正選挙を認める判決」や「性的児童虐待をめぐる逮捕劇」のニュースが連日のように報じられている状況だからだ。

ほかにも、サンフランシスコ湾内で組織的に強盗を働く海賊の被害が多発するなど、バイデン政権下の国内の治安は、ますます悪化している。

ロサンゼルスでも万引き被害が２０２３年上半期に１０９％も急増するなど、アメリカはいつ戒厳令が敷かれてもおかしくない事態だ。

EU域内の国々で大衆の怒りや不満が爆発

キッシンジャーの死去により、欧米で権力に居座っていた長老は、ほとんど姿を消した。現在、残っているのは、世界経済フォーラム（WEF、ダボス会議）のクラウス・シュワブ会長（＝ロスチャイルド）くらいだ。

しかし、彼の立場も大きく揺らいでいる。具体的には、彼の権力基盤であるEUが危機的な状況に陥っているのだ。

直接の原因は、主にウクライナ政策の失敗だ。

いまやハザールマフィアが管理する大手マスコミでさえ、ウクライナ戦争での敗北を認める状況となっている。

ウクライナ兵の死者数は約50万人ともいわれている。

これは、ドイツ、イギリス、イタリア、フランスの4カ国の軍が抱える兵士の合計人数を超えている。

ドイツ軍の幹部筋によると、ウクライナ戦争でほぼ火薬を使い切ったため、いま戦争が勃発しても、ドイツ国内にはわずかな火薬しか残っていないという。

いまのウクライナ政府は、各国からの支援が途絶えれば、すぐにでも崩壊する末期症状にある。

日本ではあまり報道されていないが、隣国のポーランド、ハンガリー、スロバキアがウクライナとの国境を封鎖した。英語圏のマスコミ報道によると、実際に国境を封鎖したのはトラック運転手や農家によるデモ隊だが、それぞれの国の政府も、そのデモ隊の動きを支持しているという。

ほかにもEUでは、兵役適齢の男性移民の流入、それにともなう治安の悪化がエスカレートし、ヨーロッパ各国で革命の機運が高まっている。

たとえば、オランダでは、2023年11月22日に行われた下院総選挙で「反移民、反EU」を掲げる極右政党である自由党（PVV）が議席を大幅に伸ばし、第1党に躍進した。

同じころ、アイルランドでは、移民男性が首都ダブリンの路上で幼児3名と女性1名に斬りつけた事件に端を発し、「反移民」を訴える抗議デモが暴動に発展した。移民流入を止めるため、市民らによって複数の道路が封鎖された。

こうした状況は、オランダやアイルランドにかぎらず、EU域内の多くの国で同様の大衆の怒りや不満が爆発している。

ハザールマフィアの中東の軍事基地であるイスラエルも存続の危機に瀕《ひん》している。

イスラエルによるガザでの虐殺が世界的な反発を生み、いま世界各地で起きているデモの95%がパレスチナを支持している状況だ。

また、アメリカで暮らすユダヤ人のイスラエル離れも明らかに加速している。

たとえば、これまで「イスラエル擁護」一辺倒だった『ニューヨーク・タイムズ』紙ですら、「イスラエル政府は1年前からハマスの計画を知っていた」と報じた。

いずれ「すべては欧米勢とイスラエルの自作自演だった」という報道が出るだろう。そうなれば、ハザールマフィアが逃げ込める場所は、この地球上のどこにもなくなる。

日本政界のスキャンダルと既存体制の終焉

約160年間続いた欧米による日本支配が終わろうとしている。

これは、ハザールマフィアの没落を決定づける重要なプロセスの一環でもある。

まず注目したいのは、創価学会《そうかがっかい》の池田大作《いけだだいさく》名誉会長の死去と、旧統一教会（世界平和統一家庭連合）に対する取り締まりの動きについてだ。

欧米のハザールマフィアは、私物化した民間中央銀行のあぶく銭（裏づけのない貨幣）を宗教法人経由で政財界や企業にばらまき、社会に多大な影響力を行使してきた。

北米やヨーロッパでは、キリスト教シオニストなどのカルトに大量の資金を投入し、世紀末プロジェクトを推進。並行して、ローマ教や旧統一教会、創価学会などの宗教を使ってハザールマフィアが目指す世界統一政府の思想を普及してきた。

しかし、欧米の軍当局がハザールマフィアから民間中央銀行の利権を奪取し、多くの宗教団体の命令系統の頂点が交代した。

その結果、宗教団体の活動や方向性が変わっていくのは必至だ。ただ、具体的に何をどうするかは何も決まっていないと、ペンタゴン筋は伝えている。

これまでのように「宗教法人経由で莫大《ばくだい》なお金がばらまかれる」ことはなくなるだろう。

次に注目したいのが、いま騒がれている「自民党派閥の裏金疑惑」だ。

筆者は長年にわたって日本の政治経済を取材するなかで、政治家が札束の入った分厚い封筒を受け取る場面を何度か目撃したことがある。

こうした金権政治によって永田町《ながたちょう》は劇団（脚本どおりに動く政治家の集まり）に堕落してし

まった。

バブルのころまでは、政界が優秀な官僚の指示で動いていたため、日本の国家運営はとてもうまく機能していた。そのため、1985年ごろの日本は世界一裕福で、先進国のなかで最も格差の小さい国だった。

しかし、バブル崩壊後は日本の官僚に代わって悪質なハゲタカファンド（ハザールマフィア）が、日本の資金を搾取するために政治家が読む脚本を書くようになった。

その結果、日本人の生活水準はじわじわと下がり続け、貧富の格差も広がった。

一方、政界は国民を裏切る代わりに外国勢から裏金をたっぷり受け取ってきた。

しかし、いま、長らく常態化していた政界の裏金授受問題に検察のメスが入れられつつある。この動きは、世界と日本の裏権力に変化が生じていることを示唆し、日本国民の財産の搾取の終わりを意味している。

これについて、日本の右翼筋は、「政界の大掃除が終わったあと、日本は再び官僚中心の国家運営に戻る。そして、長年、ハザールマフィアの手先になってきた長州《ちょうしゅう》（現在の山口県）閥は日本の主導権を失うことになるだろう」と伝えている。

これから日本の政財界の変化は、誰の目にもわかるかたちで進んでいく。

現在のところ、日本の国民にとっては非常にいい展開だが、最終的に見きわめるためには、今後も事態の推移を注意深く見守っていく必要がある。

世界各国で既存体制の権力者がドミノ倒しで失脚

もちろん、日本だけでなく、世界各地でも同様の変化が起きている。

世界のデジタル・インフラの規模を消費電力ベースで表したデータがある。

それを見ると、「欧米とその同盟国」の都市では合計で6897メガワットの電力を消費しているのに対し、中国の北京と上海《シャンハイ》を合わせた消費電力は2524メガワットだった。

また、欧米とアジアの消費電力量を比較すると、欧米は5156メガワット、アジアは4265メガワットで、わずかに欧米のほうが上回っていた。

とくに世界のなかでアメリカのワシントンD.C.郊外にある北ヴァージニア地区は単独で2552メガワットもの電力を消費しており、突出していた。

なぜ、これが重要かというと、いま世界のお金の9割がコンピュータのなかにしか存在しないからだ。

デジタル・インフラの消費電力量が「欧米のほうが上回っている」ということは、金融や情報の中心が依然として欧米側にあることを示す。

しかし、民間中央銀行の利権は欧米軍当局がすでに奪取しており、ハザールマフィアは金融デジタル・インフラの支配権を失っているのだ。

その利権は欧米軍当局の手中にあるが、これから始まる東西交渉により、「世界金融の支配権はアジアと欧米のあいだで均等に分けられることになる」とＭＩ６筋やアジアの結社筋は伝えている。

同筋らの話によれば、システム上の技術的問題により、新たな金融システムが稼働するまでには、まだ時間がかかるという。

ほかにも目に見える変化の兆しは多い。

そのなかでもいちばん大きいのは、アメリカによるウクライナ、イスラエル支援がアメリカ議会の反対によって凍結されていることだろう。

世界各国から集められたウクライナ支援の大部分が欧米政界への賄賂工作に使われたことは、各国の情報当局のあいだでは周知の事実だ。

その資金が止まったことにより、日本の永田町と同様、劇団に堕落した欧米政界にも大きな変化が起きることは必至だ。

まず権力の座から追われるのは、ウクライナのゼレンスキー大統領だろう。次のニュースは、それを示すサインのひとつだ。

ウクライナのウォロディミル・ゼレンスキー大統領は5日、予定されていた米議会の議員らとのビデオ会議を直前になって中止した。理由は明らかになっていない。アメリカではウクライナへの支援が滞っている。

（『BBC』2023年12月6日）

その次に失脚するのは、イスラエルのネタニヤフ首相だ。

ネタニヤフは2020年に収賄、詐欺、背信の罪でイスラエル当局から起訴されており、現職の首相が刑事裁判所に出廷するのはイスラエル史上初めてのことだ。

ネタニヤフは自作自演のテロを起こし、ガザ地区への侵略を強行して権力を維持しようとしたが、一時的に中断しただけで、2023年12月4日から再び裁判が開始された。

この二人が失脚したあとは、フランスのエマニュエル・マクロン大統領、ドイツのオラフ・ショルツ首相、カナダのジャスティン・トルドー首相など、既存体制の権力者がドミノ倒しで失脚していくことになるだろう。その一環で2024年8月、日本では岸田総理が自民党総裁選挙に立候補しない意向を表明。新総裁の選出後に退陣することになった。

そうなれば、世界の既存体制は完全に崩壊し、ようやく新しい時代の幕開けとなる。

人類を含む地球生命体の質と量を高めて多様化

バブルかどうかを見きわめるのは簡単だが、それが「いつ弾《はじ》けるのか」を予測するのは難しい。

これはアメリカの倒産についても同じだ。

アメリカの国家の借金は250兆ドルを超えているため、どう見ても倒産状態にあるのは明らかだが、その事実が公になるタイミングを予測するのは非常に困難だ。

しかし、現在、多くの情報源が、「近い将来、アメリカとイスラエルは国家消滅に向かうだろう」と予測している。

もし、それが現実になれば、その影響が波及してイギリス国王やローマ教皇、日本、フランス、ドイツ、イタリア、韓国、カナダなど多くの国の首相や大統領が相次いで失脚することになる。

なぜ、そんな予測が出ているのか。それは金融システムの頂点が交代したからだ。

ＭＩ６筋などによると、現在、「米ドル、円、ユーロ、英ポンド」の管理はイギリスに本部を置く３００人委員会が握っているという。

この組織は長年、イギリスのエリザベス（２世）女王が頂点に君臨していたが、彼女が死去したあと、そのトップは別の人物に代わった。

その人物について多くは語れないが、「男性で、ヨーロッパの王族関係者だが、イギリス王室の人間ではない」ということまではいえる。

そして、その人物は、「エリザベス女王が他界する前にアジア王族の結社とある合意にいたっていた」という。

当時、エリザベス女王は二酸化炭素による地球温暖化のキャンペーンを推進していたが、アジア側は、「二酸化炭素が温暖化を引き起こすという科学的根拠はない」とし、このキャンペーンの継続を断固拒否していた。

そして、話し合いの結果、これから人類全体が目指すべきは、「人類を含む地球生命体の質と量を高め、さらには多様化させていくこと」という結論で双方が合意にいたったようだ。

この話を裏づけるのが、２０２３年12月13日に閉幕したＣＯＰ28の合意文書だ。世界中の環境活動家たちは、これを見て唖然《あぜん》としたことだろう。

> UAE＝アラブ首長国連邦で開かれていた気候変動対策の国連の会議、COP28は13日、閉幕し、焦点となっていた化石燃料について「脱却を進める」ことで合意しました。（中略）
>
> 会期を一日延長して、各国が13日に採択した合意文書では「段階的な廃止」には言及せず「化石燃料からの脱却を進め、この重要な10年間で行動を加速させる」としています。
>
> （『NHK NEWS WEB』2023年12月14日）

合意文書の当初案には「段階的廃止」と書かれていたが、それが「段階的削減」、そして今回の「脱却への行動を加速」と表現がどんどん弱まった。

さらに、合意文書には、目標達成までの具体的な道筋などは、まったく示されていなかった。

何より、このCOP28ではイギリスのチャールズ（3世）国王やほかの欧米の要人たちが「気候変動対策のため」として世界各国に兆ドル単位の資金拠出を求めていたが、結局のところ、ほとんど集まらなかった。

これにより、地球温暖化キャンペーンを推進していた欧米権力派閥には、もはや金銭的な力も権力もないことがはっきりした。

2023年12月13日に国連総会で行われた「ガザでの即時停戦を求める決議案」の採決では、アメリカとイスラエルの立場を支持したのは国連加盟193カ国中わずか10カ国だけだった。第三次世界大戦を引き起こそうとしていた欧米権力のテロ戦争派も完全に孤立していることが示された。

2023年12月22日にアメリカで成立した2024年度（2023年10月～2024年9月）の「国防権限法（NDAA）案」では、総額約8860億ドル（当時約126兆円）の国防予算が決定されたが、そのなかにウクライナとイスラエルへの安全保障支援は、ほとんど含まれていなかった。

たとえば、2023年10月、バイデンはウクライナのために614億ドル（当時約8兆7700億円）の予算を議会に要請したが、実際に認められたウクライナ支援額は、わずか3億ドルにとどまった。バイデンの要請額に比べれば微々たるものだ。

こうして見ると、長らく欧米を支配してきたハザールマフィアの2大派閥、「地球温暖化派」と「テロ戦争派」のいずれもが、すでに失脚していることがわかる。

日欧米の既存体制崩壊と権力者の総入れ替え

今後、どの勢力が世界で優勢になるのか。

それについて、多くの情報源は、「どの勢力が優勢ということではなく、今後は多極的な世界運営に移行していく」と共通の話をしている。新しい体制のもとで、世界は大規模な地球改善プロジェクトを進めていくことになる。

ただし、そのプロジェクトを始める前に、まず欧米の大掃除を終わらせる必要がある。

ロシアのFSB（連邦保安庁）筋などは、近日中に「世界の問題児であるアメリカと、その司令部のイスラエルが消滅する」と予測している。

現在、ロシアはシリアで大部隊を編成してイスラエルへの侵攻の準備を進めている。

また、中東のほかの国も、この動きを全面的に支持している状況だ。

たとえば、イエメンの親イラン武装組織であるフーシ派がアメリカとイスラエルを標的にした商船攻撃を活発化させており、事実上、スエズ運河（紅海《こうかい》）を封鎖している。

同時に、イランのイスラム革命防衛隊（ＩＲＧＣ）がアメリカ海軍に対してペルシャ湾からの強制退去を命じた。

しかも、ペンタゴン筋によると、アメリカ軍はバイデン政権やイスラエル（テロ戦争派）のためにロシアやイランと戦争する意図はまったくないという。

この状況では、イスラエルが降伏するのも時間の問題だ。

西側欧米勢がウクライナ戦争で完全に敗北していることも公然の事実だ。こうした事実が、ハザールマフィアの劣勢を明確に示している。

もしイスラエルが崩壊すれば、連鎖的に既存体制の権力者がドミノ倒しのように失脚していくだろう。

ヴァチカンのカルロ・ヴィガノ枢機卿《すうききょう》によると、モサドが欧米政府要人の性的児童虐待や拷問の場面を録画し、それが長年にわたって脅迫材料として使われてきた。

欧米の指導者らがこぞってパンデミック対策とワクチン接種を各国民に強制していたのも、それが原因だ。

また、アメリカのマクレガー退役大佐などは、「ネタニヤフ首相がアメリカの本当の大統領だ」と明言している。

そうなると、ネタニヤフが目に見えるかたちで失脚したときが、各国権力者の失脚ドミノの開始の合図になる。

イスラエル国内ではネタニヤフの汚職裁判が再開されており、近い将来、彼が失脚するのは間違いない。

いずれにせよ、近いうちに日欧米の既存体制の崩壊と権力者の総入れ替えが予想される。

アメリカ国外にある米ドル札が大量に処分されている

2024年1月ごろ、アジアの王族筋から、「アメリカ国外にある米ドル札が次々に回収され、大量に処分されている」という情報が寄せられた。

アメリカ国外にある米ドルの利権は、主に中国、日本、中東の産油国が握っている。

その一例が、アメリカ国債の価値の下落だ。

中国、日本、中東の産油国といった債権国は、遅くとも２０２０年１月以降、アメリカ国債を購入していない。

その結果、アメリカ政府は新たな買い手を見つけるために金利を引き上げ、支払う利子を10倍ほど増やした。金利が上がるとアメリカ国債の価値は下がる。たとえば、利子が０・５％前後だった２０２０年発行のアメリカ国債は、利子が５％を超える現在のアメリカ国債と比べて価値が約45％下落したことになる。

米ドルの価値がアメリカの国内事情だけで決まるのであれば、米ドルもアメリカ国債と同程度に価値が下がっているはずだ。

しかし、為替相場では米ドルが堅調に推移している。

これは、米ドルが「アメリカだけの通貨ではない」ことを示している。そして、米ドルに何かしらの異変が起きる兆候も、すでにいくつか見られる。

まず、ＦＲＢが行っている応急措置であるリバースレポ取引（ＲＲＡ＝Reverse Repurchase Agreements、逆現先取引）が終了し、そのほかの銀行救済プログラムも終了予定だ。

日本でも、２０２４年７月から新紙幣の発行が開始され、それにともない、市場に出回っている旧紙幣が回収され、次第に処分されていく。

同様に、現在、大量に処分されている「アメリカ国外にある米ドル」が新しい紙幣、たとえばＢＲＩＣＳ紙幣などに置き換えられるのかどうかが、今後の見どころだ。

２０２４年１月18日、アメリカ議会は同年３月上旬までの資金を調達するための継続決議（ＣＲ）法案を上下両院で可決した。

これも、近い将来に何かしらの変化が起きるだろうという予測を裏づける、ひとつの出来事だ。

The Senate and House both voted Thursday afternoon to approve legislation that would provide Federal government funding at fiscal year（FY）2023 levels through early March, and prevent a partial shutdown of government operations when current funding is set to expire at midnight on Friday.（中略）

The CR bill approved by the Senate and House today today would extend funding at fiscal year 2023 levels to March 1 for agencies including the Departments of Transportation, Agriculture, Housing and Urban Development, and

Veterans Affairs. For remaining agencies - among them the Departments of Commerce, Justice, Defense, and Homeland Security - the legislation would extend funding to March 8.

訳＝上院と下院は木曜日午後、３月初旬まで２０２３会計年度レベルで連邦政府に資金を提供し、現在の資金が金曜日深夜に期限切れとなる際の政府業務の部分的な閉鎖を防ぐことを承認する法案を可決した。（中略）

本日、上院と下院で承認されたＣＲ法案は、運輸省、農業省、住宅・都市開発省、退役軍人省などの政府機関に対する２０２３会計年度レベルの資金提供を３月１日まで延長する内容となっている。残りの政府機関（商務省、司法省、国防省、国土安全保障省など）に対しては、この法案によって、資金提供が３月８日まで延長されることになる。

（『MeriTalk』２０２４年１月18日）

この法案の内容を見ると、資金はきわめてかぎられた部署だけに配分されており、バイデン（＝ハザールマフィア）が要請するウクライナとイスラエルへの支援金はまったく含まれていない。

世界各国の王室で血筋が入れ替わる可能性

金融以外でも「大きな変化」を予感させるサインが多い。

アメリカのロイド・オースティン国防長官は、2週間以上も公の場に姿を見せない時期があった。

一般報道では、オースティンは前立腺《ぜんりつせん》がんによる入院となっていたが、MI6筋は「オースティンが、自作自演テロを決行してアメリカ国内に戒厳令を敷こうと計画していたため、当局に拘束されていた」という。

さらに、2024年1月17日にはイギリスのチャールズ国王が入院し、同じく前立腺の手術を受けるとの声明が発表された。

しかも、英国王室は、その発表の2時間前に次の発表も行っている。

英国王室はキャサリン皇太子妃が腹部の手術を受けたことを発表、約2週間入院することを明らかにした。公務に復帰するのは4月初めの予定である。皇太子妃が入院中は、ウィリアム皇太子も公務を休んで付き添うという。

（『ＥＬＬＥ』２０２４年１月19日）

その間、チャールズ国王、キャサリン皇太子妃、そしてウィリアム皇太子は公務を休み、公の場に姿を見せなかった。

ＭＩ６筋によれば、「彼らはオースティンらが予定していた自作自演テロ計画に関与していたため、同じく拘束されていた」と伝えている。

この出来事をきっかけに、１０６６年から続くイギリス王室の血筋が替わる可能性もあるという。

それと関連していると思われるのが、次のニュースだ。

デンマークで、１９７２年に即位しヨーロッパで最も在位期間が長い君主となっていたマルグレーテ女王が、即位52年の節目である14日に退位し、新しい国王が即位しました。

マルグレーテ女王は、去年12月31日の国民向けのスピーチで退位の意向を明らかにしていて、各国メディアはデンマークで君主がみずからの意思で退位するのはおよそ900年ぶりだと伝えています。

（『NHK NEWS WEB』2024年1月15日）

デンマーク王室は1200年前から続いており、ヨーロッパでは最古の王室だ。また、一部では世界最古の王室である日本の皇室にも同様の動きがあるとの話も聞かれるが、その真偽については、いまのところ、状況を見守るしかない。

こうした異様な動きのなかで、ハザールマフィアは依然として第三次世界大戦を勃発させようと躍起になっている。しかし、世界のどこからも相手にされていないのが現状だ。たとえば、イランは2024年1月3日に南東部ケルマンで起きた爆破テロへの報復として、イラク国内にあるISIS本部やパキスタン国内のテロ組織のアジトをミサイルで爆破した。

ISISとは、欧米勢が軍事訓練したイスラエル秘密諜報機関（Israeli Secret Intelligence Service）の略称。イスラエル諜報特務庁（モサド）とは別につくられたハザールマフィア直轄の秘密部隊だ。

イラン政府筋によると、この攻撃は、表向きにはイスラエルに対するものではなく、テロ組織への報復であるため、イスラエルが公に戦争を始める理由にはならない、イランはハザールマフィアとイスラエルのネタニヤフ政権に第三次世界大戦の口実を与えるつもりはない、また、イスラエル政府によるガザでの虐殺についても、戦犯裁判の開始を待つつもりだ、という。

南アフリカ政府は、「イスラエルによるガザ攻撃はジェノサイドにあたる」として国際司法裁判所（ＩＣＪ）に提訴した。この裁判は「国家間で交わされる条約」をベースに審議されるため、大きな意味がある。

イスラエルは「大量虐殺を戦争犯罪と認定する条約」に調印しているため、有罪判決が下された場合、イスラエル政府は国内にいる虐殺の首謀者を逮捕する義務がある。

つまり、「ガザの殲滅《せんめつ》」を促す発言を繰り返すネタニヤフなどの政府関係者が法の裁きを受ける可能性がきわめて高い。

世界金融システムをめぐる新旧勢力のせめぎ合い

現在、アジア勢はゴールドの現物をベースに新通貨を発行し、新たな世界金融システムを構築しようと提案している。

これが、国際社会に流通している米ドルを新通貨に置き換えていこうという呼びかけだ。

一方、ロスチャイルドなどの勢力（ハザールマフィア）は、各国の民間中央銀行を私物化しており、ビットコインや中央銀行デジタル通貨などのデジタル通貨をベースにして世界金融システムの独裁的支配を維持しようと企《たくら》んでいる。

この両陣営の対決の結果次第で、世界人類がこれから歩む「未来の方向性」が決まるといっても過言ではない。

アジア側が欧米のイルミナティに提示している具体的な提案は次のとおりだ。

まず、フィリピンのある大富豪の一族が保有する金塊をベースに100兆ドル分の通貨を発行する。このときに発行されるのは、米ドルに代わる新たな国際通貨となる。

そのうち50兆ドルは、その大富豪一族が行うプロジェクトにあてられ、残りの50兆ドルは新しい国際機関「未来企画庁（仮称）」の設立資金にあてるというものだ。

未来企画庁は、戦前のドイツや戦後の日本、現在の中国やシンガポールのような経済運営モデルを世界規模で実施していく組織だ。個人や企業だけでは実現できない大型プロジェクトの企画、実現を目指すという構想だ。

かつて日本の中央省庁にあった経済企画庁のようなものと考えればわかりやすい。

当面の目的のひとつは、東西の合意にもとづき、人類を含む地球生命体の質と量を高め、さらには多様化させることだ。

また、組織は公正透明な能力主義で運営され、プロジェクトの成立後は各国が半官半民でその目的を実現していくことを目指す。

この提案に対し、欧米イルミナティ委員会のトップを自称するダヴィド・ド・ロチルドは次のように返答した（引用者訳）。


その計画は、かつてジョン・フィッツジェラルド・ケネディ大統領がやろうとしたことだ。もし、それをやろうとすれば、彼と同様に暗殺されるだろう。われわれ一族は世界金融システムの運営を絶対に譲らない。われわれは一般人にベーシック・インカム（最低生活保障）を支給するつもりだ。

彼らの計画では、ソーシャル・クレジット（社会的信用格付け）を導入して人々の信用の評価を設定し、彼らに従順な人々にはごほうびとして多額のデジタル通貨を与える。一方、命令に従わない人々には与える財産や食料を限定したり、拘束したりして抹殺してしまおうという内容だ。

ロスチャイルドによる独裁的な支配体制の計画

そんなロスチャイルドの勢力は、2024年5月のWHO（世界保健機関）総会で、WHO権限の強化、拡大を計画していた。

彼らは数年前からアメリカのバイデン政権などを通じ、このことを強く主張してきた。その内容は、WHOトップの独断で、理由のいかんを問わず、世界中のどの国でも強制的に「公衆衛生上の緊急事態宣言」を発令できるようにするというものだ。

WHO総会で、この新しい規制を世界に押しつけようとしていた。もし実現すれば、各国の主権は簡単に奪われることになる。

日本の外務省のホームページでは、この動きについて、『いわゆる「パンデミック条約」の交渉（パンデミックの予防、備え及び対応（PPR）に関する新たな法的文書）』と題し、次のように伝えている。


２０２０年から２０２１年にかけて、ＷＨＯの強化を含め、世界の健康危機への対応能力の構築・強化に関し、ＷＨＯにおいて、パンデミックへの備えと対応に関する独立パネル（ＩＰＰＰＲ）・国際保健規則（ＩＨＲ）検証委員会・独立監視諮問委員会（ＩＯＡＣ）における議論を踏まえ、ＷＨＯ加盟国間で議論が行われた結果、現在のＩＨＲ（２００５）を改正するための議論を行うとともに、パンデミックの予防、備え及び対応（ＰＰＲ）に関するＷＨＯの新たな法的文書（ＷＨＯＣＡ＋）の作成に向けた交渉を行うことが決定されました。

これら２つの文書による枠組みが相互に補完し合うことで、世界の公衆衛生のより良い協調が実現されることが期待されます。

ここで注意すべき点は、ＷＨＯが政府間組織（ＩＧＯ＝intergovernmental organization）だと認識されがちだが、実態はビル・ゲイツやロスチャイルド、ロックフェラーなどの民間の資金によって支えられている非政府組織（ＮＧＯ＝non government organization）にすぎないということだ。

複数の内部告発によると、ロスチャイルドなどのハザールマフィアは、再びウイルス（生物兵器）を拡散し、新たなパンデミックを起こす計画を立てているという。

彼らはこのパンデミックを理由にしてＷＨＯの権限強化を主張し、独裁的な世界支配体制を確立しようとしている。

この新しい規制を盾にして、彼らは「人々を強制収容所に入れて拘束する権限」や、「すべての情報を管理（検閲）する権限」などを求めている。

さらに、彼らはヒトゲノムを変えるＤＮＡワクチンの強制接種も計画しているといわれている。

ＦＳＢ筋によると、そのワクチンを接種すると、人類は完全に家畜化される。もし、このまま何も対策を講じなければ、人類の未来が決まってしまう可能性が高い。

日本銀行の実権を外国勢から取り戻すべし

この計画を阻止するためには、日銀の実権を外国勢から取り戻すことが重要だ。日銀の株を所有する外国企業についてMI6筋が調査したところ、これらの企業は、すべてロスチャイルド一族の持ち物であることが判明した。

具体的には、ルクセンブルクにある「エドモンド・デ・ロスチャイルド」、イタリア・ミラノにある「ビイエッフェ・エッツェ・バンク・エスビーエィ」、アメリカ・ニューヨークにある「バークレイズ・キャピタル・インク」だ。

その司令部は、スイスに本拠を置く世界最大のコモディティー商社であるグレンコア・ピーエルシーだという。

イタリアの「ビイエッフェ・エッツェ・バンク・エスビーエィ」という銀行の正体は、ヴァチカン銀行である。

いずれにせよ、こうした情報がロスチャイルドとロックフェラーによる日本支配を終わらせる重要な手がかりとなることは間違いない。

日本の右翼筋からは、「日本の自衛隊幹部がニュー山王《さんのう》ホテル（東京・港区《みなと》にある在日アメリカ軍の施設）を訪れ、一部のアメリカ軍基地からの撤退および内政干渉をしないようアメリカ軍に通告した」という情報も寄せられた。

また、2024年4月3日に発生した台湾《たいわん》の地震も日本の独立と無関係ではなさそうだ。というのも、震源は台湾最大の空軍基地周辺で、最初に報道された震源の深さは9キロメートルだった。ある情報筋によると、このとき、戦後日本の事実上の司令部だったハザールマフィアの台湾基地が爆破されたという。

震源の深さが自然地震では稀《まれ》な浅さであることからも、台湾の空軍基地の地下施設が爆破された可能性は否定できない。

ペンタゴン筋は、「これにより、中国と台湾の戦争を起こすために集められたハザールマフィアの陣営が大打撃を受けた」と話している。

とにかく、ハザールマフィアがどれだけ謀略をめぐらせても、アメリカ軍やほかの大国が騙《だま》されて第三次世界大戦に突入することはない。

何より、ハザールマフィアが巣食うアメリカは依然として崩壊寸前だ。いまの彼らに第三次世界大戦を起こす力は残っていない。

イラン大使館への空爆は第三次世界大戦の「挑発」

2024年4月ごろ、ダヴィド・ド・ロチルドは、MI6の要人に480億ドルの賄賂をビットコインで渡す代わりに、彼らのデジタル通貨の計画を支援するよう要請したようだが、それは却下された。

いずれにせよ、ハザールマフィアの悪夢のような計画を阻止するためには、彼らが所有する金融機関や企業、不動産、株式などの財産を、すべて差し押さえ、国有化する必要がある。

無論、新型コロナウイルスの危険なワクチンを推進し、多くの命を奪った各国の権力者たちの逮捕も急務だ。アメリカ軍の改革勢力やロシア当局は、これらのエリートたちの大量逮捕に向け、すでに動き出している。

FSB筋によると、ロシア当局は2024年3月22日にモスクワで発生した大量殺人テロの捜査を進め、現在はロスチャイルド関係者の逮捕を目指しているようだ。

このテロの資金提供元として、バイデン家と癒着しているウクライナの天然ガス会社ブリスマ・ホールディングスが特定されているという。

アメリカ軍の改革勢力は、「フィリピンの大富豪一族のゴールドを換金して新国際通貨を発行する」という案を積極的に支持している。

これが実現すれば、待望の欧米エリートの大量逮捕劇を始めることができるという。

一方、ハザールマフィアは、法の裁きを免れるために、第三次世界大戦の勃発を模索し続けている。

最近も、ヴァチカン銀行経由でイスラエルのネタニヤフ首相に1000億ドルを渡し、シリアのイラン大使館を空爆させた。しかし、イラン当局は、この攻撃が全面核戦争を引き起こすための「挑発」であると理解していたため、イスラエルに対する反撃は最小限に抑えた。

現在、イスラエルのネタニヤフ政権は「イランによる冷酷な報復」というストーリーをつくりあげ、それを理由にイランへの核攻撃を計画している。この狂信的な思想を持つ者たちが粛清されないかぎり、悪事をやめることはなさそうだ。

「戦後体制」の崩壊と「多極世界秩序」の確立

長きにわたって続いた世界権力紛争の決着に向け、事態が大きく動き始めた。

現在、われわれは戦後の国際体制と、これから始まる新体制の狭間《はざま》に生じた空位期間のなかにいる。

その際、まず世界の軍や当局が国際法のもとに置かれ、その後に多くの要人たちが戦犯裁判で法の裁きを受けることになる。

それが終われば、新しい国際機関が設置され、国連のしくみも刷新される。その後は新時代に向けたさまざまな大規模プロジェクトが次々と開始されるだろう。

そのなかには、ジュビリー（日本でいう徳政令《とくせいれい》＋農地改革）や地球改善事業も含まれる。

その準備が整うまで、既存の世界体制は、空転しながら徐々に崩壊へと突き進んでいく。

これらのことを念頭に置いて、いまの世界の動きを見ていこう。

まず、２０２４年５月に起きた最大のニュースは、ロシアのウラジーミル・プーチン大統領の訪中だ。

もちろん、現在の「プーチン」はアバター（影武者）にすぎない。5月7日に通算5期目の大統領就任式が行われたあと、すぐに中国を訪れたことは、両国間の相互依存の高まりと友好関係の強化を示している。

プーチンの訪中の直前、ロシアのセルゲイ・ラブロフ外相は、現在の世界の潮流について、次のように語っている。

"Naturally, Russia and China are not the only ones who want to reform the international system, promote the establishment of a multipolar world order that would reflect the real weight of states and their associations,"

訳＝「当然のことながら、国際システムを改革し、国家とその連盟の真の重要性を反映する多極世界秩序の確立を促進したいと考えているのは、ロシアと中国だけではない」

（『タス通信』2024年5月14日）

ロシアと中国は、西洋の「団体や国家を対立させて競わせる」というヘーゲル哲学にもとづくやり方を否定している。

その代わりに、両国はすべての国々が連帯する「民主的で多極的な世界秩序の確立」を目指している。

また、プーチンの訪中の際、ロシアは米ドルに対抗するためにＢＲＩＣＳ通貨の発行を強く主張したと、ＦＳＢ筋が伝えている。

２０２４年５月20日、ウクライナのゼレンスキー大統領が１期５年の任期を終えた。さらに、その後任を決める大統領選を延期するための法的手続きが行われていないため、憲法上、ゼレンスキーは正統なウクライナ大統領ではなくなる。

アメリカのコロンビア大学の教授で経済学者のジェフリー・サックスは、「国際法上、大統領の任期が失効すれば、ロシアがゼレンスキーを犯罪者として実際に指名手配することが可能になる」と指摘している。

すでにアメリカ軍がゼレンスキーをグアンタナモ基地に連行したとの情報もあるが、いずれにせよ、いまのゼレンスキーが危うい立場にあるのは間違いない。

ゼレンスキー政権の裏切りとウクライナ国家の終わり

そして、何より、現在、ウクライナでの戦闘が最終局面に入っている。

ロシアは各方面から全面的に進攻を続けており、ウクライナ側もそれを止めようとする気配がない。

ウクライナの政府当局は「巨額を費やして防御を固めている」と述べているが、実際には、そうした対策は何も取られていないという。

先日、ウクライナ軍特別偵察部隊のデニス・ヤロスラフスキー指揮官は、BBC（イギリス放送協会）のインタビューで、「ゼレンスキー政権の裏切りだ」と怒りをにじませ、次のように証言している。

“There was no first line of defence. We saw it. The Russians just walked in. They just walked in, without any mined fields”

訳＝「防衛の第一線がなかった。この目で見た。ロシア軍はただ歩いて入ってきた。

地雷原もない場所を歩いて入ってきたのだ」

（『BBC』2024年5月13日）

この証言を受け、ウクライナ汚職防止センターのマルティナ・ボフスラヴェッツ所長は『プラウダ』紙にレポートを書いている。

それによると、ゼレンスキー政権は要塞建設に使われるはずだった数百万ドルを「得体の知れない架空の企業」に送金していたことが明らかになったという。

結局、ウクライナ政府の上層部は、お金を盗めるだけ盗んで逃げることしか考えておらず、ウクライナは国家としてもう終わっている。

同じことがイスラエルでも起きており、国家としてすでに終わっている。

最近の報道によると、エジプトやトルコなど中東の国々は軒並みイスラエルのネタニヤフ政権と断絶しており、アメリカ軍もガザ地区に入り、イスラエルによるパレスチナ人の虐殺を阻止している。

近い将来、イスラエルは消滅し、新たに「ジュディア（ユダヤ）」という国家が誕生すると、複数の欧米当局筋が伝えている。

長年にわたっていまのパレスチナの人々を虐げてきたシオニストたちは、彼らに莫大な損害賠償金を支払うことになるだろう。そして、ネタニヤフと彼をとりまく政権内の連中は、戦犯として法の裁きを受けることになる。

人身売買で毎年800万人以上の子どもが行方不明に

アメリカも、国として長くは続かないだろう。

しかし、アメリカ政界は2024年11月に何ごともなく大統領選が行われるかのように猿芝居を続けている。

メディアでは「バイデン対（ドナルド・）トランプ（前大統領）の討論会が行われる」などとさかんに報じられた。当初、討論会は非公開でCG（コンピュータ・グラフィックス）や過去の動画を使った茶番劇が画策されていたようだが、実際は公開され、バイデンの盛大な自爆劇となった。

また、アメリカの既存体制の堕落ぶりは各方面で見られる。

たとえば、グアテマラの政府当局が「児童人身売買」の捜査の一環として、バイデンの妻が以前に会長を務めていた慈善団体「セーブ・ザ・チルドレン（子どもたちを救え）」に対して強制捜査を行った。

その際、「アメリカのバイデン政権が大使館を通じてグアテマラ政府に圧力をかけ、捜査を妨害しようとした」と暴露されている。

つまり、バイデン政権が裏から手を回して人身売買の犯罪組織を守ろうとしたわけだ。

アメリカ政府が公表しているデータによれば、バイデン政権が始まった2021年1月から2023年7月までのあいだに、8万5000人もの不法滞在の子どもたちが行方不明になっている。バイデン政権は児童の人身売買や虐待をする犯罪組織の指示で動いているのだ。

統計によると、世界では毎年800万人以上の子どもたちが行方不明になっている。最も恐ろしいのは、「既存の国際体制の権力者らが、そうした犯罪に積極的にかかわっている」という事実だ。

これが、ハザールマフィアの本性である。

彼らが構築した「戦後の国際体制」は、すでに中国やロシア、欧米の改革勢力に敗北し、崩壊の一途をたどっている。次の段階に入り、さまざまな変化が感じられるようになれば、まだ既存の体制を信じている人々も、いっせいに悪夢のような洗脳から目を覚ますことだろう。

人類が「人間牧場」から解放される日は、確実に近づいている。

「石油本位制ドルの終焉」とアメリカの危機

世界中で金融の異変を思わせるサインが噴出している。

とくに注目されるのは、「サウジアラビアが2024年6月9日付で50年前（1974年6月8日）にアメリカと交わした石油ドル協定を終了させた」という情報だ。

さらに、サウジアラビアは、「今後、アメリカの発行する米ドルを石油の支払い通貨として認めない」とアメリカ政府に通告したという。

これは歴史的な出来事だ。

話は1971年、アメリカのリチャード・ニクソン大統領が新経済政策を発表した、いわゆるニクソン・ショックまでさかのぼる。

当時、アメリカ政府は突如として「ゴールドとドルの交換を停止する」と発表し、米ドルの金本位制を廃止した。

その後、アメリカはドルの価値や利権を維持するために、サウジアラビアを筆頭とする産油国と「石油を米ドルで独占的に販売する」という協定を結んだ。

これを境に、アメリカは石油ドル本位制へと移行し、米ドル以外の通貨では石油を買えないしくみを築き上げた。

その結果、長年にわたって世界中の国々は石油を購入するためにドルを必要としてきた。

しかし、今回、サウジアラビアが石油ドル協定から離脱したことで、その必要が完全になくなった。

ブーシ派のアメリカ空母への攻撃で起こる地政学的崩壊

石油ドル協定からの離脱が決定される少し前、サウジアラビア国内では熾烈《しれつ》な権力紛争が勃発していた。

その過程で「10人の王子が殺された」と欧米の当局筋は伝えている。

「サウジアラビアが石油ドル協定から離脱した」という結果から推測できるように、権力紛争で抹殺されたのは、アメリカの息のかかった王子たちだ。

さらに、2024年5月31日、イエメンの親イラン武装組織フーシ派が「アメリカ海軍の空母ドワイト・デイヴィッド・アイゼンハワーと、そのほかの軍艦を攻撃した」と発表した。

アメリカ政府は、これについて、「空母アイゼンハワーに対するいかなる攻撃も行われていない」とフーシ派の攻撃自体を否定したが、CIA筋によれば、「沈没はしていないものの、損傷がひどく、廃船になった」という。

フーシ派の機関紙である『アルマシラ』は、この攻撃について、「海におけるアメリカの軍事支配の終わり」を意味するとし、これは、「アメリカ帝国にとっての重大な地政学的崩壊」だと言い放っている。

いずれにせよ、これでアメリカ政府は、「空母アイゼンハワーによる攻撃」という脅しのカードを世界に対して使えなくなった。

さらに、2024年6月5日、サウジアラビア政府は中国主導の中央銀行デジタル通貨プロジェクトへの参加を表明した。

サウジアラビアは、各国の中央銀行デジタル通貨（ＣＢＤＣ）システムを相互接続させるプロジェクト「ｍブリッジ」に参加した。（中略）

米国を拠点とするアトランティック・カウンシルでＣＢＤＣを巡るグローバルな動きを研究しているジョシュ・リプスキー氏は「最も先進的なクロスボーダーのＣＢＤＣプロジェクトに、20カ国・地域（Ｇ20）の主要経済圏であり、世界最大の石油輸出国が加わった。ドル以外でのコモディティー決済が増えることになるかもしれない」と述べた。

（『ロイター通信』２０２４年６月６日）

２００８年のリーマン・ショック以来、米ドルの種類はひとつではなくなっている。ＦＲＢが濫発する実体経済の裏づけがないドルは、国際的な信用を失い、現在ではアメリカ国内でしか使えなくなっている。

つまり、アメリカ国内で流通しているドルと世界で流通しているドルは、まったくの別ものということだ。

その証拠に、アメリカで40年ぶりの高いインフレ率が観測されているにもかかわらず、為替相場では米ドルが堅調に推移している。

FSB筋によると、「今後、アメリカ以外の国々が保有する米ドルは、すべてBRICS通貨などの別の国際通貨に置き換えられていくことになる」という。

また、サウジアラビアがBRICSへの加盟を積極的に検討していることを踏まえると、将来的に自国の石油はCBDCを含むBRICS主導の決済システムで売買していくつもりだろう。

こうした世界の脱ドルの流れを受け、5月30日にアメリカの最高裁判所は、「各州にはFRBから独立して金、銀本位制の通貨を発行する権利がある」と認定した。

これを受け、アメリカではさっそく27州が「独自の通貨を発行する」との意思を表明した。現在のFRBは、もはや死に体だといわざるをえない。

アメリカの堕落ぶりを象徴するバイデン政権のまやかし

そんなアメリカの堕落ぶりを象徴しているのが、大統領であるバイデンだ。

たとえば、2024年6月7日に第二次世界大戦の記念イベントに出席した際、見物客から「式典中にバイデンが便失禁（脱糞《だっぷん》）したのではないか」との憶測が広がった。

その動画がSNS（ソーシャル・ネットワーキング・サービス）で拡散されると、一気に炎上した。

バイデンは、言い間違いやとんでもない失言を繰り返し、急に立ち上がってどこかに行ってしまうなど、その言動から、多くの専門家およびアメリカ国民から「認知機能の衰え」を指摘されている。

最近では、民主党支持者でさえも、その事実を認めざるをえない状況になっている。「ウォール・ストリート・ジャーナル」の記事でも、バイデンと近しい45人の関係者にインタビューした結果として、「明らかな認知症の症状が出ている」と結論づけている。

さらに、アメリカでは社会秩序の崩壊も加速している。

以前は、小売店に対する集団窃盗のニュースや映像を見て、多くのアメリカ人がショックを受けていた。しかし、いまでは同様の事件があまりにも頻発しているため、当たり前の現象として、誰も気にとめなくなっている。

この状況は年々悪化しており、小売業者の団体によると、年間の損失額は1000億ドルを超えているという。これはロシアの軍事予算より大きい数字だ。

その結果、アメリカの都市の繁華街は、ほとんどシャッター街と化し、現在は麻薬中毒者とホームレスしかいない。

たとえば、最近のサンフランシスコの街の中心部の映像を見ると、ほとんど閉店していて、ゴーストタウン化しているのがわかる。

また、新たな現象として、消火栓の盗難が急増している。

たとえば、カリフォルニア州ロサンゼルス市では、2023年以降だけで300以上の消火栓が盗まれ、2024年に入ってからも被害が増加の一途をたどっているという。

消火栓は鉄と真鍮《しんちゅう》でできており、これらの金属を闇市場で売ることが目的だろう。

こうしたひどい状況を隠蔽するため、バイデン政権は相変わらず、真実をねじ曲げた経済統計を発表し、現実逃避を続けている。

そのわかりやすい事例が、2024年6月7日に発表された5月の雇用統計だ。

先日、バイデン政権は「Payrolls（従業員）の数が前の月より27万2000人増加した」と発表した。

しかし、このPayrollsの統計は、「労働者の数」ではなく、「給与の支払件数」をベースに算出されている。

つまり、多くのアメリカ人が現在、ひとつの仕事だけでは生活できないため、複数の仕事をして、複数の雇い主から給与を受け取っている。だからPayrollsの数が増加しただけのことだ。

別の政府機関が出しているデータによると、5月には「アメリカ生まれのアメリカ人労働者」が66万3000人減少した。一方、「外国生まれの労働者（ほとんどが不法滞在者）」は41万4000人も増加していると報告されている。

以上のことを踏まえると、アメリカは近いうちに、とんでもない状況に直面するはずだ。そのサインとして、最近、アメリカでは、軍事物資の入ったコンテナが各地に置かれており、そのコンテナのすぐ近くには警察車両が止まっている。市民がそれに近づこうとすると、ただちに拘束されるのだという。

アメリカの終わりは近い。

第2章
再起動するアメリカ経済

共和党のドナルド・トランプ候補（右）と民主党のカマラ・ハリス候補（左）。
権力層のあいだでは、有色人種であるハリスを大統領に据えることで、
各国（とくに中国とインド）から延命資金を引き出したいという狙いがある
（提供：共同通信社）

金融システム不全と財政破綻で近づくアメリカの崩壊

２０２３年10月から始まった新会計年度の予算をめぐり、アメリカの議会では激しい対立が続いていた。

９月30日には、政府閉鎖を避けるために45日分のつなぎ予算が成立したが、既存の体制が終わる可能性が高いことを示している。

議会の反対派は、緊縮財政を求めており、これまでの民主党と共和党の政策の違いという言い訳をしなかった。現状のアメリカは、政府も民間も財政的に破綻状態にあり、社会秩序の崩壊が進んでいる。

そのため、既存体制を終わらせ、再起動することが、国を立て直す唯一の方法となるだろう。

２０２３年９月、ＦＲＢは約３００人のリストラを発表した。これは異例の事態だ。ＦＲＢは、その前の数カ月で１０００億ドルの損失を計上している。ＦＲＢの報道官は、「システムの統合が進んだため」と説明しているが、実際には大赤字が原因だ。

また、2023年9月26日、大手小売りチェーンのターゲットが、「窃盗被害および顧客とスタッフの安全のため、四つの州にある9店舗を閉鎖する」と発表した。

同日、ペンシルベニア州フィラデルフィアでは100人以上の集団が複数の店舗に押し入り、地域のすべてのコンビニエンス・ストアや酒店が休業に追い込まれた。

また、アメリカのエネルギー省のデータによれば、2023年9月22日時点でアメリカの戦略石油備蓄がごくわずか（17日分）しか残っていなかった。

これは、アメリカ政府の現金化できる資産が、ほとんど枯渇していたことを意味する。

同じころ、金融市場でも史上稀に見る大異変が起きていた。

2020年3月の市場ピーク時と比べて10年債の価格が46％、30年債の価格が53％、それぞれ下落していたのだ。その結果、多くの金融機関が保有する債券の資産価値が大幅に減少し、倒産のリスクが高まっていた。

アメリカの不動産データ分析会社ATTOMによると、アメリカの約575の地域を調査した結果、99％の住宅が平均所得者の手の届かない価格であることが判明した。

金利の上昇によって住宅市場が冷え込み、販売用住宅の供給が枯渇しているのだ。大半のアメリカ人が家を買うことも売ることもできなくなり、住宅ローン市場も機能不全に陥っている。

金利上昇は個人だけでなく、一般企業にも多大な影響を与えている。

アメリカの破産申請データを見ても、2023年9月末時点で商業破産は前年同期比61%増加しており、破産申請件数も2021年と2022年の合計を超えていた。

このように、アメリカの崩壊は、さまざまな角度から見受けられる。金融システム全体が機能不全に陥っているため、いったんジュビリーを発布して立て直しを図るほかに選択肢はない。

この状況において、「アメリカ軍がどう動くのか」も重要なポイントだ。

マスコミでは、「政府機関が閉鎖されれば、その時点でアメリカ軍兵士への給与の支払いが止まる」と報じられている。その場合、軍が資金確保のために、「FRBや大企業の国有化に向けて動き出すかどうか」が、ひとつの見どころになる。

2023年10月からトランプを熱烈に支持するチャールズ・クイントン・ブラウンJr.がアメリカ軍制服組のトップ（統合参謀本部議長）に就任した。アメリカ軍筋からは、「国防長官のオースティンが近く更迭される」との情報も寄せられている。

近い将来、新体制となる軍の指揮のもと、アメリカに緊急事態宣言が発令される可能性はある。

その際、危険ワクチンの推進に加担した政治家や企業トップらの更迭や逮捕、死亡による排除（パージ）などが、大手マスコミで大きく報じられるかもしれない。

外交問題の発生でインドがカナダをテロ国家に認定

最近、欧米では、「エリート大量パージの始まり」と思われる動きが、いくつか見受けられる。

2023年9月28日、不正選挙で権力の座に就いたアメリカ民主党のアリゾナ州知事ケイティ・ホブスが、「理由も告げずに知事代行を任命し、行方不明になる」という出来事があった。

その後、職務に復帰したとのニュースが流れたが、CIA筋は、「ホブスは、すでに失脚している」と話している。

同26日には、オーストラリアのヴィクトリア州首相ダニエル・アンドリュースが突然、辞任を発表した。彼は新型コロナウイルス騒動の際に強権を発動し、厳しいパンデミック規制とワクチン接種を強制したことで知られる人物だ。

現在、アメリカではバイデン＝ハリス政権の弾劾調査が進行中だ。

２０２３年にバイデンが中国から直接25万ドルの賄賂を受け取った証拠がアメリカ議会に提出され、共和党が追及を始めた。

隣国のカナダもカオスに陥っており、北米全体の地図が大きく塗り替わる可能性が高まっている。

そのひとつの原因が、インドとの外交問題だ。

インドの外交官によると、カナダのトルドー首相はG20サミットの開催期間中にコカインを乱用し、いくつかのイベントを欠席した。その後、カナダの政府専用機がインド当局に家宅捜索され、大量のコカインが発見されたという。

このトラブルが原因で、トルドー政権はカナダ国内にいる「インド政府がテロリストに指定した人物」の引き渡しを不当に拒んだ。これを受けて、インド外務省は公式にカナダをテロ国家に認定し、多くの国がこのインドのスタンスを支持している。トルドーを支持する国はひとつもない。

インドとのトラブルが発生した直後、トルドーはナチス・ドイツの部隊（第14ＳＳ武装擲《てき》弾兵《だんぺい》師団）に所属していた人物をカナダ議会に招待し、ウクライナとカナダの英雄として拍手喝采を送った。

このナチス部隊は、第二次世界大戦時にポーランドとユダヤ系の民間人150万人以上を虐殺しており、当然、この事態に世界中から批判が集まった。

この件でカナダ議会の下院議長は責任を取って辞任したが、トルドーは「知らなかった」と釈明して責任逃れした。

しかし、SNSへの投稿などの証拠がインターネットで拡散されており、トルドーが権力の座から引きずり降ろされる日も近いだろう。

場合によっては、アメリカとカナダが合体して新しい巨大国家「北米合衆国（United States of North America）」が誕生するという展開も考えられる。

世界90カ国以上がユーゴスラビア解体に反感

アメリカとカナダの混乱に乗じ、ウクライナ侵攻に続いてロシアとセルビアが新たな軍事行動を起こす可能性が高まっている。

次のニュースが、その予兆だ。

米国家安全保障会議（NSC）の（引用者注＝ジョン・）カービー戦略広報調整官は29日の記者会見で、セルビアがコソボとの国境付近に大規模な軍部隊を展開していると明らかにし、撤兵を要求した。

（『時事通信』2023年9月30日）

1991年にソビエト連邦が崩壊したあと、アメリカはユーゴスラビア連邦の解体工作に向けて動き出し、2001年にかけて民族紛争を引き起こして国を分裂させた。いわゆるユーゴスラビア紛争だ。

その過程で、1998年から1999年にかけてコソボ紛争が勃発し、当時のアメリカ大統領ビル・クリントン（ロックフェラー一派）のもと、NATOによるセルビア人勢力への空爆を開始した。

その結果、ユーゴスラビア連邦の一部であるセルビアから、コソボ自治州を切り離したのだ。

アメリカの狙いは、ユーゴスラビアの地下資源の7割強を埋蔵するコソボの土地を乗っ取ることだった。

そのため、セルビアやロシア、中国を含む世界90カ国以上が、現在もユーゴスラビア解体のプロセスに反感を持ち、コソボの独立を事実上認めていない。

セルビア当局筋によると、現在、セルビアとコソボの国境付近で軍事展開しているのはロシアとセルビアであり、その目的は「旧ユーゴスラビアの敵討ち」。それにより、欧米勢力に奪われたコソボの土地と地下資源を取り戻すつもりだ。

2023年9月29日には、アメリカのニューヨーク市で大規模な洪水が発生し、非常事態宣言が発令された。これは、バイデンが国連演説で気象兵器の使用をほのめかしたり、アメリカが世界各地で気象兵器を使用したりしていることに対する報復と見られる。

以上の動きから、アメリカの崩壊が今後、エスカレートしていくのは必至だ。

ウクライナ支援をめぐる欧米各国の対応の変化

バイデン政権が要請するウクライナ支援予算をアメリカ議会が拒否したため、ウクライナへの資金や物資の流れが急速に途絶えつつある。

この影響で、ハザールマフィアらがウクライナ経由で行っていたマネーロンダリングも停止し、欧米政界への賄賂資金もなくなった。賄賂を受け取っていたアメリカの議員のリストも出回っている。

これにより、欧米諸国に政変ドミノが押し寄せるのは時間の問題だ。

アメリカ政府のつなぎ予算からウクライナへの追加支援が除外されたことを皮切りに、欧米各国でウクライナを見捨てる動きが加速している。

2023年10月、アメリカ国防省は、「ウクライナに供与した武器を補充する資金が枯渇している」と表明した。

その直後には、イギリス政府も、「ウクライナに送る武器がなくなった」と発表した。

さらに、ポーランド政府は、「ウクライナへの武器供与を停止する」と宣言し、スロバキアでは、「ウクライナ軍事支援の打ち切り」を訴える野党が選挙で第一党に躍り出た。

この野党を率いる党首ロベルト・フィツォ（元首相）は完全な親ロシア派だ。

2023年10月2日には、EUがウクライナの首都キーウで外相会議を開いたが、ポーランド、ハンガリー、ラトビア、スウェーデンの外相が欠席し、まったく足並みがそろわず、新たなウクライナに対する軍事支援についての合意はできなかった。

ロシアのプーチン大統領は、「欧米からの支援が途絶えれば、ウクライナ政府は1週間ももたないだろう」と述べている。

アメリカのロサンゼルス港周辺で地震が頻発した理由

2023年11月ごろ、ロサンゼルス港の関係者から気になる情報をもらった。

夜にロサンゼルス港が閉鎖されると、毎晩のように大量のアメリカ兵が敷地内に入り、地下施設で戦闘していたというのだ。そのため、ロサンゼルスでは毎日のように地震（爆発などの衝撃で生じた揺れ）が起きていたという。

その情報を寄せてくれた人物が、港の食堂にいたアメリカ兵に、「夜な夜な地下で何をしているのか」と尋ねたところ、そのアメリカ兵は「メキシコの麻薬マフィアや、中国の兵隊と戦っている」と答えたそうだ。

テキサス州でも同様の状況が続いていると、アメリカ軍関係筋から聞いた。

2023年11月8日の明け方にテキサス州のメキシコ国境付近で観測されたマグニチュ

ード5・2の地震も、「地下施設内の爆発で生じた揺れだった」とCIA筋は話していた。

トランプによると、ベネズエラなど海外の刑務所や精神科病院からアメリカに移民が送り込まれているという。バイデン政権になってから、その数は2000万人にまで膨れ上がり、全米各地に不法滞在しているそうだ。彼らにはFRBからデビットカードが配られ、そのカードに毎月お金が振り込まれていたという。

現在は動員命令が出るまで待機するよう指示されているが、近い将来、全米各地で大規模な暴動や事件がいっせいに勃発し、カオスが始まる可能性はきわめて高い。

このように、アメリカ本土は、さまざまな方法で攻撃を受けているのだ。

ロサンゼルス港に関する証言が正しければ、中国がアメリカ軍に対して軍事行動を起こしているのは間違いない。しかも、なぜかFRBの株主であるアメリカの支配階級（ハザールマフィア）が中国に協力して動いている節《ふし》があるのだ。

アメリカが倒産すれば、国内に戒厳令が敷かれ、軍事政権が樹立される。そうなれば、FRBの配下にあるアメリカ政界は一掃されることになる。

アメリカの支配階級は、「既存体制の延命資金」を引き出すために中国に取り入り、アメリカ国民を裏切っているのだ。

もしアメリカが軍事政権になると、中国とハザールマフィアが過去に交わした密約は、すべて破棄されるだろう。そのため、中国側にも「アメリカ既存体制の延命に協力し、いまのうちに米中交渉を有利に進めたい」という思惑があってもおかしくない。

以上のことを念頭に置いて、2023年10月26日付の記事を見てみよう。

中国の習近平国家主席は、アメリカ カリフォルニア州の（引用者注＝ギャビン・）ニューサム知事と北京で会談し、両国の民間や地方どうしの協力を重視する考えを示しました。（中略）

中国外務省によりますと、この中で習主席は米中関係について「基礎は民間にあり、活力は地方にある。私は各界の交流や地方どうしの協力を非常に重視し、支持する」と述べました。

そのうえで「中国とアメリカは、気候変動対策などの分野で協力できる将来性がとても大きい」と述べ、環境分野を中心に両国関係を発展させていくことに期待を示しました。

（『NHK NEWS WEB』2023年10月26日）

CIA筋によると、「ニューサム知事はカリフォルニア州を中国に売り渡すつもりだ」という。

これは、アメリカの既存体制を延命させる資金を得るためだ。

そのための条約（もしくは密約）に調印するために、習近平がわざわざサンフランシスコに出向いた理由も理解できる。

APEC米中交渉の決裂の背景にある「人工ヘロイン」

2023年11月15日、予定どおり、アジア太平洋経済協力（APEC）の日程に合わせて米中首脳会談が行われた。

結論として、アメリカが中国に要請していた資金援助は断られた。

その結果、欧米の支配層が所有するアメリカの大手銀行は、顧客の資金を盗むしか生き残る術《すべ》がなくなった。

報道からは、米中首脳会談で合意にいたったのは次の2点だけということがわかる。

①軍どうしのハイレベル対話の再開

アメリカと中国が第三者（ハザールマフィア）の威嚇や挑発に騙されて全面核戦争を起こさないための措置だ。つまり、両国の軍が以前から交わしている「全面戦争には突入しない」という密約を継続するという意味であり、非常に歓迎すべきことである。

②フェンタニルの製造、密売に対する取り締まりの強化

フェンタニルは非常に強力な合成麻薬で、簡単にいえば、人工のヘロインのようなものだ。現在、20歳から49歳までのアメリカ人の死因で第1位となっている。アメリカ政府は、この問題の原因を中国に求め、中国がメキシコにフェンタニルを密輸出し、それがアメリカに大量に流入していると主張している。

しかし、中国外交部はこれを否定し、「フェンタニルの乱用、過剰摂取の根本原因はアメリカにある」と反論している。

メキシコ麻薬マフィアの関係筋によると、フェンタニルは主にウクライナから流れてく

るという。ウクライナがロスチャイルドやロックフェラーの犯罪基地であることは、公然の事実だ。

つまり、中国側がいうように、アメリカのフェンタニル問題は、中国となんら関係ない。

メキシコで2023年10月25日にアカプルコを直撃した史上最強のカテゴリー5を記録したハリケーンについて、直径20キロメートルという信じられない大きさの竜巻だったと、現地民は証言している。

これについて、麻薬マフィア関係者は、「われわれのケシ畑を壊滅させるための気象攻撃だった」と話している。

ケシの実から採取されるアヘンはヘロインの原料になる。彼らが製造する天然由来のヘロインの流通を妨げるために、競合する人工ヘロイン（＝フェンタニル）を製造する勢力がしかけてきたという。

その勢力とは、もちろん、ハザールマフィアのことである。

米中首脳会談で以上の2点しか合意できなかったことは、アメリカが中国から延命資金を得られなかったことを意味している。

アジアの結社筋によれば、米中首脳会談を前に、アメリカは延命資金を得るため、「台湾とアメリカのカリフォルニア州の支配を認める」点について交渉していたと伝えている。

しかし、中国は、そのような権限をアメリカ側が持ち合わせていないことを十分に理解している。資金を渡しても、いずれ裏切られることを見越して相手にしなかった。

逆に、中国側は、その交渉の場で、「ワクチン犯罪に関する戦犯裁判の開始」をアメリカに要請したと、アジアの結社筋は伝えている。

延命するために銀行資産を狙うハザールマフィア

アメリカ政府は、中国からの資金援助を期待し、つなぎ予算を組み、債務上限問題を一時的に先送りしているが、肝心の資金が手に入らない。そのため、粉飾決算やデータの捏造でごまかすしかなくなっている。

アメリカ軍の準機関紙『Stars and Stripes』によれば、2023年11月15日、アメリカ国防総省は年次監査に不合格となった。

その理由は、3兆8000億ドルの軍事資産について、監査人に対して証明すべき財務データが完全に不足していたからだ。この監査では、「国防総省の資金を説明できるかどうか」などが調査されたが、実際には3兆8000億ドルの資産が存在するかどうかさえ証明できていないのだ。

こうしたアメリカ政府の不安定な状況を受け、2023年11月10日、大手格付け会社のムーディーズがアメリカ国債の格付け見通しを「ネガティブ」に引き下げた。

大手格付会社のムーディーズは10日に、米国債の格付け見通しを「安定的」から「ネガティブ」に引き下げた。財政赤字の拡大に加えて、「議会内で政治的二極化が継続」しているという政治的混乱が、政府や議会による財政ガバナンスを低下させていることを理由に挙げている。

（『野村総合研究所』2023年11月13日）

これまでの経験から、ムーディーズの格下げは、いつも少なすぎるし、遅すぎるものばかりだ。

つまり、ムーディーズがアメリカ国債の格付け見通しをネガティブに引き下げたことは、アメリカが手遅れの末期症状にあることを示している。

著名な経済アナリストのジム・ウィリーなどによると、FRBが2022年3月に開始した利上げの影響で、アメリカの大手金融機関の資産価値は平均して45%下がった。

また、最近、ウィリーにコンサルティングを依頼する複数の顧客が、「大手銀行に資産を盗まれている」と訴えていた。

同時に、アメリカの大手銀行では、相変わらず入金の遅れが続いていた。

CIA筋によると、日本を含むすべてのG7国家の大手銀行が一時的な銀行業務の停止の準備をしていたという。これは、ハザールマフィアが延命するために顧客の資産を奪うためだ。

そうした不穏な空気を察してか、アメリカでは多くの市民が預金を引き出している。

アメリカの崩壊が進むなか、ハザールマフィアは第三次世界大戦を起こそうと躍起だ。

アメリカ宇宙軍の幹部筋によると、「アメリカの空母艦隊を自作自演の攻撃で撃沈させる」という計画も持ち上がっていたようだ。地中海に配備されているアメリカ軍艦隊は、ほぼ無人状態で、イスラエルが魚雷を撃ち込み、すべてをイランのせいにするつもりだという。

イランは、ペルシャ帝国時代からの莫大な財産や宝物を、いまも保有している。

モサド筋によると、ハザールマフィアは、「それを奪うためには戦争が必要」と考えているようだ。

しかし、イラン、ロシア、イギリスのいずれも、この計画について事前に情報を得ているため、仮に自作自演が決行されても、全面戦争の引き金になることはないだろう。

「ブラック・スワン」の予兆と政財界における異変

多くの情報を総合すると、近い将来、ブラック・スワン的なイベントが起きる可能性はきわめて高い。

ブラック・スワン（黒い白鳥）とは、英語圏で「非常に稀な、予期せぬ事態」かつ、「実際に起こると破壊的衝撃を与える出来事」を指し、金融、経済、社会情勢などでよく使われる用語だ。

ここでは、そのブラック・スワンの予兆と考えられる出来事をいくつか紹介したい。

２０２４年１月５日、アメリカ国防省が、「オースティン国防長官は医療処置後の合併症により、１月１日に軍事医療センターに入院した」と公表した。驚くことに、アメリカ政府は、このことを4日間も国民に黙っていた。これは、安全保障上、普通では考えられないことだ。

同じころ、性的児童虐待の容疑で逮捕、起訴されていた大富豪ジェフリー・エプスタインに関連する裁判資料が、裁判官の命令によって公開された。

そこには、「エプスタインの島を訪れていた常連」として、多くの超セレブの実名が書かれていた。これが欧米エリートに対する大量逮捕劇につながるのか、たんなるガス抜きで終わるのか。今後、明らかになるだろう。

金融に関しても、異変の予兆がある。

ＦＲＢのＲＲＡの金融商品の残高のデータを見ると、ゼロに向かっている。

この場合のＲＲＡは、「ＦＲＢが民間金融機関に金融商品を売却し、決められた時期に売却したときより高い値段で買い戻す」という契約だ。２０２０年から２０２３年のあいだに起きた銀行の取り付け騒ぎに対応するための措置だった。

近年、アメリカでは多くの人々が銀行口座から預金を引き出しており、２０２３年中に引き出された預金総額は１・17兆ドル（当時約１６０兆円）と記録的な数字に達している。

そのＦＲＢによる応急措置が終わろうとしているということだ。

専門家のあいだでは、「アメリカの金融機関に端を発する、なんらかの異変が起きるだろう」とささやかれている。

CIA筋は、今後起こる異変として、「カリフォルニア州で発生する超大型地震」を理由に、アメリカ全土に戒厳令が敷かれる可能性を予想している。

2024年1月1日、石川県能登《のと》半島で発生したマグニチュード7・6の地震について、MI6筋や日本の右翼筋は人工地震の可能性を指摘している。

ただし、2011年に発生した「東日本大テロ」のときとは異なり、海底に核爆弾がしかけられた形跡はないという。真相は定かでないが、一部の情報筋は、「もし人工地震だとすれば、日本の独立を阻止するための脅しだったのではないか」と話している。

テキサス州がバイデン政権に反旗を翻して自衛権を行使

2024年1月、テキサス州とほかの25州の州兵が、メキシコ国境に集結し、国土安全保障省の国境警備隊との衝突に備えていた。

発端は、バイデンが最高裁判所の判断を盾にして、「メキシコ国境からのテキサス州兵の撤退」を命じたことだ。この命令を受け、テキサス州のグレッグ・アボット知事は、2024年1月24日付でバイデン政権に書簡を送り、公然と中央政府に反旗を翻した。書簡の内容を要約すると、おおむね次のとおりだ（引用者訳）。

アメリカ政府には「州を保護する」という連邦法を執行する憲法上の義務がある。しかし、バイデン政権は、その法の執行を違法に拒否した。その結果、バイデン大統領の無法な国境政策のもと、わずか3年のあいだに600万人以上（アメリカ国内33州の人口より多い）の不法移民が南部の国境から流入し、全米各地に前例のない被害が生じている。

最後に、アボット知事は、「国境防衛に対する各州の主権的利益」を認める連邦法（第1条10節3項）にもとづき、「テキサス州の憲法上の自衛権を行使する」と宣言し、臨戦態勢に突入した。

ペンタゴン関係筋は、「バイデンがテキサスの州兵を制圧するよう命令を出したところで、アメリカ軍は絶対に従わないだろう」と話している。

テキサス州を含む20州および200人以上の軍人が、バイデン政権やファイザー社などに対してワクチン関連の裁判を起こしている。

新型コロナウイルスのパンデミック騒動とワクチン接種キャンペーンが大量虐殺事件だったことを立証する証拠はそろっている。CIA筋やMI6筋によると、関係者は戦犯裁判で裁かれることになるという。

また、MI6筋によると、バイデン政権の真の権力者とも称されるイスラエルのネタニヤフ首相に対し、「すでに処刑が言い渡された」という。イギリス政府はバルフォア宣言を撤回してイスラエルという国家を終わらせるつもりのようだ。

この決定の一因は、イスラエルと敵対するイエメンの親イラン武装組織フーシ派が紅海で商船攻撃を繰り返していることだ。たとえば、フーシ派のミサイルでジェット燃料を積んだイギリスの石油タンカーが派手に爆破された。

フーシ派の攻撃は日に日に激化しており、イギリスとアメリカの海軍でも、すべての船を守ることは不可能だ。

さらに、シリアやイラクに駐留しているアメリカ軍部隊も、2023年10月7日以降、130回以上攻撃されており、早々に撤退が決まったと、ペンタゴン筋は伝えている。

英米軍の中東撤退は、次のニュースとも大きく関係している。

国際司法裁判所（ICJ、オランダ・ハーグ）は26日、パレスチナ自治区ガザでの戦闘を巡り、イスラエルに対してジェノサイド（民族大量虐殺）を防ぐ「あらゆる措置」を取るよう命じる仮処分を出した。

（『共同通信』2024年1月26日）

ICJは、まだ「イスラエルのガザ攻撃がジェノサイドにあたるかどうか」の正式な判断を下していない。しかし、MI6筋によると、「実際にガザで虐殺が起きている以上、ネタニヤフの処刑は免れない」としている。

子どもを悪魔崇拝の生贄にしているチャバド

アメリカ国内で内戦と社会崩壊の兆候が強まるなか、とくにニューヨーク州とテキサス州で混乱が発生している。

２０２４年1月10日、チャバドのニューヨーク本部において異様な騒ぎが目撃された。チャバドは「人為的に世紀末戦争を勃発させ、人類の9割を抹殺し、残りの人々を奴隷にする」という狂信的な思想を持つカルト集団で、悪魔を崇拝するユダヤ教を名乗る過激派だ。

ニューヨーク警察がチャバドのニューヨーク本部に乗り込み、違法な地下施設をコンクリートで封鎖しようとしたところ、信者たちが抵抗して乱闘に発展。その結果、12人のカルト信者が逮捕された。

この事件の衝撃的な動画が世界中で拡散され、話題になった。

その映像には、乱闘や逮捕の様子だけでなく、地下施設内の様子も鮮明に記録されていた。血で染まったベビーチェアや子ども用のマットレスなど、凄惨な光景が映し出されていた。

情報源たちによると、その地下施設でたくさんの子どもが拷問され、悪魔への生贄《いけにえ》にされたという。ちなみに、トランプの娘婿ジャレッド・クシュナーもチャバドの信奉者だ。

さらに、アルゼンチンの新大統領ハビエル・ミレイが、２０２３年末の当選直後にチャバドの本部を訪れ、地下で子どもを拷問して性的快感に達してから浄化の風呂に入ったという情報も寄せられている。

いずれにせよ、これだけの大騒動を、主要メディア、暴露系サイトですら完全にスルーしている。チャバドが相当な権力を持っている証《あか》しだろう。

ある情報筋によると、今回の騒動と動画の流出は、真っ当なユダヤ勢力が悪魔崇拝カルトのチャバドを摘発するためにしかけた工作の一環だったという。

ＦＢＩ（アメリカ連邦捜査局）の統計によると、アメリカでは毎年４万人もの子どもが失踪している。

その多くが、悪魔崇拝の儀式に利用されている可能性が高い。南米や発展途上国の子どもも、チャバドなどの悪質な組織に人身売買されているという。

アメリカ政府のデータによると、バイデン政権発足後の２０２１年１月から２０２３年７月までに、８万５０００人もの不法滞在の子どもが行方不明になっている。

ワシントンＤ.Ｃ.に対してテキサス州が宣戦布告か

この事態を止めるため、テキサスの州兵が国土安全保障省の国境警備隊をテキサスとメキシコの国境から排除している。

国境警備の方針は通常、中央政府が決定するものであり、州政府が勝手に州兵を国境に配備するのは、かなりの異常事態だ。この行動は、テキサス州政府のワシントンD.C.(中央政府)に対する宣戦布告といっても過言ではない。

バイデンは政権発足時から積極的な難民受け入れ政策を進めてきた。近年、兵役適齢の単身男性を大量に移住させたことで、全米で社会不安が急速にエスカレートしている。

ニューヨーク市では、移民保護施設の前で昼夜を問わず物乞いをする移民が増えたという苦情が相次ぎ、ニューヨーク市政府は移民の夜間外出禁止令を真剣に検討している。

また、シカゴでは保護施設が満員になり、不法移民たちは昼間にゴミのなかから食料を探し、夜は凍死を避けるためにバスで寝泊まりするような生活を送っている。

工作要員として流入した単身男性の不法移民に対しては、遅くとも2023年11月ごろまでFRBからデビットカードが配られ、そのカードに毎月2000ドル程度の支給があったが、現在はそれが停止されたようだ。

アメリカのこの危機的状況は、軍の司令部にも影響をおよぼしている。

オースティン国防長官とエリック・スミス海兵隊総司令官は、一時期、1週間以上も人前に姿を現さなかった。オースティンは前立腺がん、スミスは緊急医療で入院したと報じられたが、詳細は不明なままだった。

この状況について、ＭＩ６筋は、「二人が自作自演テロを決行し、アメリカ国内に戒厳令を敷こうと計画していたため、当局に拘束された」と話している。じつは、ブラック・スワンの黒幕は彼らだったのかもしれない。しかし、その計画はすでに止められた。

刑事裁判すら受けられないバイデン政権の異常事態

新型コロナウイルスのワクチン接種キャンペーンが大量虐殺事件であったことは、厚生労働省が公表する日本の超過死亡率データを見れば明らかだ。

にもかかわらず、危険ワクチンの推進に加担した日本政界の権力者たちが、まだ粛清されていない理由は何か。

第二次世界大戦で日本が降伏したときも、アメリカ軍が上陸するまで戦犯が粛清されなかったことと似ている。しかし、今後は日本や欧米を含む多くの国の指導者たちが、必ず戦犯として裁かれることになるだろう。

最近では、その兆しが各所で見受けられるようになってきた。

たとえば、2024年2月14日付のロシアの『タス通信』の記事では、ロシア安全保障会議のミハイル・ポポフ副書記のインタビュー内容が紹介されている。そこで、彼は「バイデン政権の異常事態」について述べている。

ポポフは、2024年1月1日にアメリカのオースティン国防長官が入院した際、代理を務めるはずのキャスリーン・ヒックス国防副長官が休暇中でワシントンD.C.から遠く離れたプエルトリコにいたこと、バイデンと国家安全保障問題担当補佐官のジェイク・サリバンが国防長官の入院を数日間も知らされていなかったことを指摘している。

さらに、彼は、「アメリカにおける核兵器発射の決定は必ず大統領と国防長官が一緒に下さなければならないのに、そのような事態が起きるのは驚くべきこと。これはバナナ共和国の話ではなく、世界の覇権国だと名乗る核武装国で起きた出来事だ」と述べている。

オースティンは、その後、3回も入院と復帰を繰り返している。

同2月8日にはバイデンの機密文書持ち出しについて捜査していた司法省のロバート・ハー特別検察官が、「刑事訴追を見送った」と発表した。

報告書では、「故意に機密資料を保持し、開示した」と結論づけているが、バイデンが

「記憶力に劣る老人」であるため、有罪にするのは難しいと判断したようだ。

つまり、「バイデンには刑事裁判を受ける能力がない」といっているのだ。

検察の聴取では、バイデンの記憶には「重大な限界」があり、自分が副大統領だった時期や息子が死去した時期なども思い出せなかったという。

ポポフは、この報告書の内容にも触れている。そこでは、「アメリカで核兵器発射命令を最終的に下せるのは、現在、〝記憶力に劣る老人〟と評されるバイデン大統領だけ……間違いを犯せば地球規模の大惨事につながる可能性がある」と危惧している。

刑事裁判を受ける能力がないと判断されたということは、現在、アメリカの刑務所に収監されている精神障害を抱える囚人や最も知能の低い囚人よりバイデンの認知機能が劣っていることになる。

そのような状態の人間に、核兵器発射命令の権限を持つ軍の最高司令官（＝大統領）は務まらない。

この一件で、バイデンおよび政権の閣僚たちには、実質的に軍の指揮権も核兵器発射命令の権限も与えられていないということが、世界中に知られてしまったわけだ。

プーチンの「ナチス勢殲滅」作戦に協力するトランプ

さらに、以前から噂《うわさ》されていた「アメリカ軍はバイデン政権の発足後もトランプの指揮下にある」という話が、今回の出来事で、より信憑性《しんぴょうせい》を増してきた。

現在、トランプの次の発言に世界の注目が集まっている。

> アメリカのトランプ前大統領は、十分な軍事費を負担しないNATO=北大西洋条約機構の加盟国は防衛しないとした自身の発言について各国から批判が相次ぐ中、改めて「負担金を払わなければアメリカは防衛しない」と強調しました。
>
> （『NHK NEWS WEB』2024年2月16日）

このトランプの発言には深い意図がありそうだ。

元FOXの看板キャスター、タッカー・カールソンが2月6日にロシアのプーチン大統領への単独インタビューをした（8日放送）。CIA筋によれば、そのインタビューの際にトランプもロシアに同行し、多くの機密文書をロシア当局から入手していたという。その文書をトランプとロシアが共有したことで、これから多くの驚くべきことが起きるだろうと同筋は話していた。次のニュースは、そのヒントのひとつだ。

米情報機関はロシアが新たな宇宙兵器の開発を進めていると見ているが、専門家の見立てによるとこの兵器は人工衛星を爆破する核弾頭ではなく、核エネルギーを利用して人工衛星に組み込まれた電子装置を無効化するタイプである可能性が高い。

（『ロイター通信』２０２４年２月16日）

アメリカ軍関係筋によると、今後、ロシア軍とアメリカの宇宙軍が、「ハザールマフィアが管理する気象兵器搭載の衛星」を共同で撃ち落とす計画があるという。それが実現すれば、ロスチャイルドやロックフェラーを含むハザールマフィアの粛清も速やかに進むだろう。

その粛清の準備が進められているサインのひとつとして注目されているのが、「フランス検察、テロ資金供与の疑いでラファージュの裁判を求める」（『FRANCE 24』２０２４年２

月9日）と題されたニュースだ。

この記事によると、フランスの検察当局がセメントメーカーの最大手ラファージュに対し、「イスラム過激派集団ISなどにテロ資金を供与した罪」で裁判を受けるよう通達を出している。

ラファージュはロスチャイルド一族の企業であり、これにより、「ロスチャイルド逮捕」への道筋がついた。

同じころ、ロスチャイルド一族スイス分家のトップであるシュワブが欧州委員会のフォン・デア・ライエン委員長と、大手製薬会社ファイザー社のアルバート・ブーラCEO（最高経営責任者）と面会し、3時間におよぶ極秘会談をした。

その理由は、トランプのロシア訪問の動きを警戒したからだ。

プーチンは、これまで「ウクライナ戦争の最終目的はナチス勢の殲滅だ」と繰り返し述べてきた。

CIA筋によると、トランプはプーチンの作戦に協力するつもりだという。

また、MI6筋によると、ロスチャイルド一族は、すでに降伏交渉を希望しており、「命だけは助けてほしい」と懇願して全面降伏するつもりだという。そうであれば、彼らが戦犯裁判に引きずり出される日も、そう遠くない。

200兆ドル超もの負債でデフォルト目前のアメリカ

ウクライナ戦争は、ハザールマフィアの敗北により、すでに終結しており、現在の標的はイスラエルに移っていると、アメリカ当局の反体制グループは伝えている。

たしかに、ウクライナが敗北したことを示すサインは多い。

2024年3月5日、アメリカ国務省のナンバー3で「事実上のウクライナ大統領」ともいわれたビクトリア・ヌーランド国務次官の更迭が発表された。

CIA筋によると、彼女は、すでに射殺されたという。

また、同6日にはゼレンスキーも命を狙われた。ギリシャの新聞は、「ウクライナ（オデーサ港周辺）を訪れていたギリシャ代表団のすぐ近くで、ゼレンスキーの車列が無人機で爆撃された」と報じた。

CNNなどの大手マスコミは、「ゼレンスキーは無事だった」と報じたが、どちらにせよ、彼が「死に体」であることは間違いない。

これは、アメリカを筆頭とする西側諸国からの支援が止まっていることからも明らかだ。アメリカ国防総省の監察総監室の報告によると、アメリカがウクライナ支援として拠出した1130億ドルのうち、実際には450億ドルほどしか現地に届いていなかった。アメリカだけでなく、西側諸国が送った支援金や兵器のほとんどが闇に消えたのだ。欧米各国のウクライナ支援が止まったのも、それが大きな理由のひとつだ。

以前からウクライナは欧米政界にばらまく賄賂資金のマネーロンダリング拠点だった。しかし、その賄賂資金の原資となる各国からの支援金や武器の供給が止まり、ゼレンスキーとその裏方は、裏金で欧米政界を動かすことができなくなった。

それにともない、長らく続いたアメリカ政界の茶番も終わりを迎えようとしている。アメリカ大統領選を機に、アメリカがデフォルト（＝倒産）を宣言する可能性は高い。たとえば、2024年2月15日に公表されたアメリカ財務省のレポートによると、年金やメディケア（高齢者および障害者向け公的医療保険）などの社会保障費が175兆ドルも不足していることがわかる。

それと財政赤字の34兆ドルを合わせると、アメリカ政府は209兆ドルもの負債を抱えている計算になるのだ。

これは、以前から民間の経済学者やFRBのセントルイス連銀などがデータを用いて警鐘を鳴らしてきたことだが、アメリカ財務省がみずから公表し、認めたことに大きな意味がある。

カリフォルニア州周辺で起こる不穏な動き

これまでアメリカがデフォルトの危機に直面するたびに、ハザールマフィアは911（アメリカ同時多発テロ）や311（東日本大震災）のような、とんでもない事件をいくつも引き起こしてきた。今回も、その恐れは大いにある。

ひとつの可能性として、バイデン政権発足後の2021年1月以降、アメリカに不法移民として流入した「兵役適齢の単身男性」を動員し、未曾有のカオスを引き起こすことが考えられる。

CIA筋によると、これまでに約30万人の単身男性が、国連（ロックフェラー）から資金をもらって工作要員としてアメリカ各地に潜伏しており、動員命令を待っている状態だという。

さらに、アメリカ政府は不法移民を軍や警察に入れようとしている。「身分証のない不法移民にも銃などの武器を販売してもいい」などと全米のガンショップに通達を出しているのだ。

これは、ハザールマフィアが怒り狂ったアメリカ一般市民から自分たちの身を守るために「外国人の用心棒」を確保しようとしているとしか思えない。

2024年3月8日にアメリカ労働省が発表した2月の雇用統計も、その可能性を示唆している。

バイデン政権は、「就業者数が前月と比べて27万5000人増えた」と喧伝したが、詳細を見ると、アメリカ生まれのアメリカ人労働者は56万人減少し、過去3カ月で240万人が失業している。

最近の失業率は、かなり低めの3・5%と公表されているが、計算方法を見ると、週に1時間働いただけで就業者と見なされ、失業者にカウントされていない。ルートヴィヒ研究所の調べによると、アメリカの「本当の失業率」は24・2%だという。

アメリカ企業の多くは不景気と高金利に耐える体力が失われており、本当の失業率は今後、さらに上昇していくはずだ。

一方で、120万人の移民（合法と違法の両方を含むが、ほとんどが違法）が新たに雇用され、そのほとんどが政府関連の仕事だ。そこに「なんらかの意図がある」と考えるのは当然だろう。

政府に雇われた不法移民が全米各地でいっせいに大規模な暴動やテロを起こせば、内戦や戒厳令の引き金になる可能性が高い。アメリカが非常事態に陥っているのは間違いない。バイデン政権は不法移民に生活費と選挙権を与え、民主党陣営への投票を促す選挙工作に勤《いそ》しんでいる。バイデン政権と、その背後にいるハザールマフィアは、一般市民によって電柱に吊《つ》るされる事態を回避するため、不法移民たちを最大限活用して反発を抑えようとしている。

アメリカ軍の関係筋によると、「いずれ戒厳令が発布されれば、バイデン政権が意図的に流入させた不法移民たちは、みんな国外に追放される」という。同筋によると、いまはFRBに代わる新たなアメリカ金融のしくみを準備中で、それが終われば、緊急事態宣言を発令して戒厳令を敷く予定だという。

さらに、心配されるのは、各勢力が気象兵器を乱用することだ。

たとえば、複数の情報筋が、「カリフォルニア州での超大型地震」を予測していた。そのころ、同州では小さい地震が不自然なほどに頻発していたからだ。2024年に入ってからは、「カリフォルニアの海岸に、これまでにない巨大な波が打ち寄せている」という不穏なニュースも報じられた。

2024年3月5日ごろから、シアトル、サンフランシスコ、ロサンゼルスなどのアメリカ西海岸で、「インスタグラムやフェイスブック、メッセンジャーなどのメタ（Meta）サイトにアクセスできない」という不具合が発生していた。

グノーシス派イルミナティは、「シリコンバレーなどのアメリカ西海岸には悪質なAI（人工知能）が存在している。それを退治するためには、カリフォルニアを攻撃せざるをえない」と話している。

アメリカ西海岸に群がるハイテク企業がしてきた悪質な検閲や世論操作は問題であり、そうした企業を浄化する必要があるのはたしかだ。

しかし、気象兵器を使って一般市民に甚大な被害を与えるより、特殊部隊を送り込み、ハイテク企業の本社を占拠するほうが、よほど効果的だろう。

アメリカ軍の改革勢力が早く行動を起こさなければ、ハザールマフィアが再びとんでもない事件を引き起こすのは目に見えている。

都市部の治安悪化で小売店が閉鎖や倒産の危機

現在のアメリカは、建国以来、最大の危機に直面している。経済の崩壊が主な原因であり、バイデン政権は、この事実を隠すために偽りの経済統計を次々と発表しているが、現実を隠すことは不可能だ。

商業不動産市場のデータからも、深刻な状況が浮き彫りになっている。

2024年3月における商業不動産の差し押さえ件数は、全米で前年同月比117％も増加し、とくにカリフォルニア州では前年同月比405％の増加となっている。

また、中西部ミズーリ州のセントルイス市で都心の高層ビルが360万ドルで売却されたが、これは2006年にビルが販売された当時の価格（2億500万ドル）と比べて98％以上の下落だ。まさにアメリカの大都市崩壊を表す事例である。

利上げの影響で、企業のローン返済能力は限界に達している。多くの企業が数十億ドル規模の商業債務の満期を迎えるなか、借り手は「より高い金利で借り換える」か、「大幅な値引きで不動産を売却する」かのどちらかしか選択肢がない状況だ。

犯罪やホームレス、移民の急増による治安悪化などがアメリカの大都市を蝕《むしば》んでいる。そんな状況で、大都市に住みたい、働きたいと思う人はほとんどいない。多くの企業や人々が都市からの撤退を余儀なくされ、オフィスビルの需要が激減している。

さらに、高級ブランド店や1ドルショップチェーン（日本でいう100円ショップ）が万引きや集団強盗の被害にあい、店舗撤退が加速している。

2024年3月13日、アメリカのディスカウントショップ運営のダラー・ツリーが、傘下のファミリー・ダラーを含む約1000店舗の閉鎖を発表した。

大手の99セント・オンリー・ストアは同4月4日、連邦破産法第11条の適用を申請して371店舗を閉鎖した。

統計の操作で反映されないアメリカの「不都合な現実」

バイデン政権は、これらの深刻な問題をごまかすために統計を操作している。

失業保険のデータにも疑わしい点が見られる。

毎週金曜日に発表される失業保険の新規申請件数について、2024年3月8日〜4月

12日の6週間のうち、5週でまったく同じ数字（21万2000人）が並んだ。アメリカの労働人口は約1億6000万人で、失業保険の新規申請件数が毎週同じ数字になるのは、統計学的に見ても、ほぼ不可能だ。
また、雇用統計も、きわめて怪しい。

米労働省が5日発表した3月の雇用統計によると、非農業部門の就業者数は前月から30万3000人増えた。市場予想は20万人だった。失業率は予想通り3・8％と低かった。米経済は人手不足が定着し、雇用は強い勢いを維持している。

（『日本経済新聞』2024年4月5日）

就業者数の内訳を見ると、増加しているのは違法な外国人労働者の非正規雇用だけだ。正規雇用やアメリカ生まれのアメリカ人労働者の雇用状況は悪化の一途をたどっている。
アメリカ政府が発表する2種類の雇用統計、「Employment（雇用）」と「Payrolls（従業員）」の数のあいだには900万人もの誤差が生じているのだ。
ほかにも、都合よく数字が改竄《かいざん》されている統計は多く存在する。

たとえば、消費者物価指数（ＣＰＩ）はその典型的な例だ。ＣＰＩは消費者が実際に購入する生活用品の小売価格の変動を示す指数だが、これも操作されている。

アメリカの先月の消費者物価指数が発表され、前の年の同じ月と比べて３・５％の上昇となりました。上昇率は２か月連続で前の月を上回り、インフレの根強さが改めて示された形です。

（『ＮＨＫ ＮＥＷＳ ＷＥＢ』２０２４年４月10日）

アメリカ政府はインフレ率を低く見せかけるため、１９８０年代から頻繁に調査対象の品目を入れ替え、統計数値をコントロールしてきた。そのため、ＣＰＩを見ること自体がほとんど無意味だ。

２０２４年３月のエネルギー価格は、２０２１年１月に比べて36・９％上昇した。エネルギー価格が上がれば、生産費用や輸送コスト、原材料費などが高騰し、基本的にすべての価格が上昇するはずだ。

しかし、アメリカ政府が発表する統計では、なぜか、そうした影響が反映されていない。

その理由は、「季節調整」という名のデータ改竄にある。

2024年3月のアメリカのガソリン価格は前年同月比で6・3%上昇したが、季節調整というマジックを使って、数字上は3・6%も値下がりしたように見せかけられている。

しかし、現実では、インフレや経済の悪化に対処するため、多くのアメリカ人が銀行口座から預金を引き出している状況だ。

2023年1月からだけでも、銀行全体から2兆ドル以上の預金が流出しており、多くの金融機関が実質的に倒産状態にあるのは間違いない。

そのため、いま、アメリカでは金融機関にお金を預ける代わりに、ゴールドや銀のインゴット、美術品、骨董品《こっとうひん》などの実物資産を購入する傾向が高まっている。

アメリカ政府の不正は統計の改竄だけではない。

2024年3月26日に公表されたレポートによれば、アメリカ会計検査院（GAO）は「2021年以降、バイデン政権は累計で総額7640億ドル以上の〝不適切または不正確な支払い（improper or incorrect payments）〟を行った」と報告している。

中東、ヨーロッパから見放されたバイデン政権

最近のアメリカ政府を見ていると、以前、アフガニスタンで行われたタリバンによる公開処刑のニュース動画を思い出す。

その動画では、死刑を宣告された人物が必死になって人々に助けを求めていたが、周囲の人々は、ただ眺めているだけだった。これは、まさに現在のバイデン＝ロックフェラー政権の状況だ。彼らも世界中の国々に助けを求めて必死に懇願しているが、どこからも相手にされていない。

バイデン氏は1日、「我々の経済が成長している理由の一つは、移民を受け入れているからだ」とした上で、中国やロシアとともに日本やインドを名指しして、経済成長を阻害する要因として「外国人嫌い（xenophobic）だからだ。移民を望んでいない」などと発言した。2日のホワイトハウスの会見では、バイデン氏の発言の真意をただしたり、発言は不適切ではないかと尋ねたりする質問が相次いだ。

(『朝日《あさひ》新聞』2024年5月3日)

バイデンが日本やインドといった同盟国や関係強化を進めている国に対して批判的な発言を突然したのはなぜか。それは、アメリカが倒産を回避するために援助を求めたにもかかわらず、両国から色よい返事が得られなかったからにほかならない。

もちろん、中国もロシアも、アメリカを助けるつもりは毛頭ない。

2024年4月28~29日、ロックフェラーたちは、サウジアラビアの首都リヤドでWEFの特別会合を開催した。

彼らは中東諸国から援助を引き出そうとして産油国を説得しようとしたが、イスラエルとガザの問題が未解決である以上、交渉に応じてくれない。

結局、ロックフェラーたちは何も手にせず帰された。

MI6筋の情報によると、欧州中央銀行(ECB)のクリスティーヌ・ラガルド総裁は、アメリカ勢と決別し、新しい世界金融システムを推進する改革勢力と連携することを選択したという。

ヨーロッパ金融からも見放されたとなると、アメリカのバイデン政権は世界から完全に孤立した状態になる。

FRBは巨額の含み損を粉飾決算でごまかしている

バイデン政権が早々に海外から巨額の資金を調達できなければ、近い将来、FRBは確実に倒産する。

FRBが公表したレポートを見ると、FRBの含み損は9480億ドルで、自己資本510億ドルの約19倍に達する。

そんな財務状況では、FRBが破綻状態にある民間銀行の救済することは不可能だ。

現在、アメリカの民間金融機関も金利の高騰や不動産価格の下落などにより、FRBと同様に巨額の含み損を抱えている。

FRBの末期症状を示す例として、バイデン政権の大統領経済諮問委員会（CEA）のジャレッド・バーンスタイン委員長のインタビュー動画がある。彼がFRBについて話している内容は、完全に支離滅裂で、もはや笑うしかない。

FRBは粉飾決算で数字をごまかしているため、アメリカ金融の状況を論理的に説明できない。

2024年4月、季節調整というマジックを使い、FRBは銀行預金のデータを「370億ドルの流出」から「1260億ドルの流入」に書き換えている。

結局、FRBはアメリカ国内でしか使えない米ドルを大量に発行し、なんとか延命を図っている状態だ。その結果、アメリカは、ひどいインフレ状態に陥っている。

大手調査会社ギャラップが同月に実施した「家計が直面している最大の経済的問題は何か」を問う世論調査では、アメリカ人の81％が住宅費などの「物価上昇」を挙げていた。

現在、アメリカでは国民の4割が「生活に必要なお金が足りていない」と感じている。

個人だけでなく、中小企業も苦しんでいる。

2024年4月の統計によると、アメリカの中小企業の43％がオフィスの家賃を支払えておらず、2600もの小売店が閉店に追い込まれている。

「ガザの大虐殺」で孤立するアメリカとイスラエル

複数の欧米当局筋によると、近い将来、アメリカとイスラエルは消滅するだろうと伝えられている。

その後、イスラエルとパレスチナが統合して「ジュディア（ユダヤ）」、そしてアメリカとカナダが統合して「北米合衆国」という新しい国家が形成されるという。

イスラエルについては、古代からその地に住んでいた、もともとのユダヤ人（現在のパレスチナ人として知られる人々）がいた。第二次世界大戦後にヨーロッパから移住してきた人々（現在のイスラエル人）が、参政権や市民権などで同等の権利を持つことになった。

長年にわたってパレスチナ人を虐げてきたシオニストたちは、いまのパレスチナの人々に莫大な損害賠償金を支払うことになるだろう。

そうしなければ、ロシアとイランが超高速ミサイルでイスラエルを殲滅すると通告したという情報も寄せられている。

この状況下では、アメリカやイスラエルが、それを止めることは不可能だ。

そもそも、アメリカ軍は、バイデン政権やイスラエルのためにロシアやイランと戦争をするつもりは毛頭ない。

こうした世界の変化を裏づける出来事は、一般のメディアでも報じられている。

国連総会ではパレスチナの国連加盟を支持する決議案の採決が行われ、143か国が賛成したのに対し、反対はアメリカやイスラエルなど9か国にとどまり、圧倒的多数の賛成で決議は採択されました。

（『NHK NEWS WEB』2024年5月11日）

アメリカのバイデン政権は、イスラエルのガザ地区への攻撃をめぐり、イスラエルに供与した武器が「国際人道法に矛盾する形で使用されたと評価するのが妥当だ」とする報告書をまとめました。ただ、十分な証拠を集めることが難しく、現時点で国際人道法に違反したと結論づけることはできないとしています。

（『NHK NEWS WEB』2024年5月11日）

この二つはNHKの記事だが、アメリカの大手メディアの「十分な証拠を集めることが難しく」という明らかな偽情報をそのまま報じ、ハザールマフィアの大本営発表を垂れ流している。

現在、イスラエルとそれを擁護するアメリカは、国際社会から孤立し、完全に行きづまっている状況だ。国際社会が注視するなかでイスラエルが行った「ガザの大虐殺」の結果として当然の反応だ。

一方で、ロシアとイランの警告を受け、イスラエルはガザへの攻撃を完全に停止した。大手マスコミは現在も「イスラエルがガザ地区の南部ラファで軍事作戦を強化」と報じているが、CIA筋によれば、その映像は過去の動画やCGだという。

トランプがFRBの国有化を秘密裏に計画中

アメリカ軍筋によると、ワシントンD.C.という特別区はすでに存在しないという。同筋の話では、北米合衆国が誕生したあとの政治の中心地はカナダのマニトバ州南部にある都市ウィニペグに移る予定だ。

また、「アメリカはいま臨時軍事政権下にある」と主張し、グアンタナモ基地を撮影したという動画のリンクを筆者に送ってきた。

その映像を見ると、アメリカではエリートの逮捕が進行中であり、最後の部分にはヒラリー・クリントンと思われる遺体の画像も挿入されていた。

さらに、2024年5月、アメリカ国務省が運営するエポックテレビは、「トランプがFRBの国有化を秘密裏に計画している」と報じた。

日本でも、複数の情報筋が「日銀の国有化が始まる」と伝えている。それが実現すれば、日本はかつての中央省庁にあった経済企画庁を復活させ、国家運営を世襲議員中心の政治体制から再び官僚中心の体制に戻す方向で調整されるだろう。

さらに、情報筋は、ほかのG7国家も経済企画庁と同じ機能を持つ機関を立ち上げ、欧米経済の運営方法を根本的に変えるつもりだと話している。

実際、そうでもしないと、中国やロシアの勢いに押され、欧米諸国は世界の覇権争いで負け続けることになる。

2024年5月7日、ロシア政府は2030年に向けた国家目標を発表した。それによると、2030年までに購買力平価（PPP）ベースのGDPを世界4位に引き上げることを目指すという。ほかにも、人口の保全や家族支援、教育、生活環境、福祉、テクノロジーなど、目標は盛りだくさんだ。

それに対し、長年にわたってアメリカの国家権力は、国民の利害とは無縁のウクライナやイスラエルに莫大な資源を投じてきた。

そのため、アメリカ軍筋は、「近い将来、アメリカの既存権力はすべて一掃する」と話している。

もちろん、大本営発表が完全に変わったことを実際に確認するまで油断は禁物だが、世界をとりまく情勢に大きな変化のうねりが押し寄せているのは間違いない。

第3章
再起動する ヨーロッパ経済

キャサリン妃が「イルミナティの血の犠牲〈悪魔崇拝儀式の生贄〉」として
殺されたとの告発を否定するため、イギリス王室がインスタグラムで公開した画像（左）。
しかし、明らかに加工されていたため、それはすぐにマスコミに暴露された
（イギリス王室インスタグラム @princeandprincessofwales より。現在は削除済み）

BRICSの台頭と欧米主導体制の崩壊

2023年6月27日から29日にかけて中国の天津《てんしん》で開催された「第14回夏季ダボス会議」で、当時のスイスのアラン・ベルセ大統領は、「いま、世界の戦後体制は最大の危機に直面している」と述べた。

しかし、それは、「約300年間続いた欧米の世界支配体制の危機」といったほうが正しい。

実際の経済活動や生活実感に近いPPPをベースにGDPを算定したデータがある。それによると、BRICSの5カ国（ブラジル、ロシア、インド、中国、南アフリカ）が2022年に世界GDPの31・59%を占め、G7の30・39%を上回っている。

また、発展途上国と先進国のGDP（PPPベース）を比較すると、2022年のシェアは、発展途上国が58・88%、先進国が41・12%。これも欧米主導の世界体制が崩壊していることを如実に示している。

戦後の国際体制の枠組みは、第二次世界大戦の戦勝国によってつくられた。

拒否権を持つ国連安全保障理事会の常任理事国には、イギリス、フランス、アメリカ、ソビエト連邦（ロシア）、中国の5カ国が選ばれたが、非欧米国家は中国のみ。あとの4カ国は白人主体の欧米国家だ。欧米諸国は世界人口の15％しか占めておらず、国連は全人類を公平、平等に代表していないことは明白だ。

世界経済の運営だけを見ても、現体制が、いまの世界情勢と合致していない。戦後の世界経済は主に、ＩＭＦ、世界銀行、ＢＩＳによって運営されてきたが、これらの機関の頂点には欧米の王族や貴族、財閥が君臨している。

この欧米エリート集団は「オクタゴン・グループ」と呼ばれ、スイスに総司令部を置いている。一般人類に隠されてきた世界権力の最高峰の総司令部だ。彼らは、いわゆるハザールマフィアと呼ばれる欧米権力者らの上級機関、政治局や幹部会にあたる集団だと考えてもらえばいい。

オクタゴン・グループのメンバーの名簿は非公表だが、多くの情報源の証言から、ロスチャイルド一族、ロックフェラー一族、オランダ王族、イギリス王族、ドイツ王族、スイス王族、イタリア王族、スペイン王族などで構成されているという。彼らはローマ貴族、さらに時代をさかのぼると、古代エジプトのファラオの血筋にたどりつく。

彼らの力は非常に強大だ。オクタゴン・グループの本拠地であるスイスのレマン湖周辺には約40の国際機関、180の外交常設使節団、400を超えるNGOが存在し、多くは治外法権を持っている。

つまり、彼らがどこで、どんな罪を犯そうが、世界のどの国の政府も逮捕できないのだ。さらに、これらの機関の多くは、どの国にも税金を納めておらず、資金のほとんどが多国籍企業のオーナーから提供されている。

スイスの学者の調査によると、すべての多国籍企業の取締役のうち、その9割を700人が重複しているという。その命令系統の最高レベルに位置するのがオクタゴン・グループなのだ。

オクタゴン・グループの強大な権力とその限界

2020年に始まった新型コロナウイルスのパンデミック騒動は、オクタゴン・グループの権力の強大さと限界を同時に示した。

彼らは、「権力を持続させるためには、有色人種を中心に世界人口を9割ほど減らす必要がある」と考えていた。

しかし、人類の免疫力が予想以上に強かったため、生物兵器としてのウイルスでは、たいして人口が減らなかった。そのため、次に危険なコロナワクチンで人類の削減を試みたが、これも思いどおりにはならなかった。

オクタゴン・グループの命令で、スイスのベルセ大統領は、「世界の戦後体制は最大の危機に直面している」とダボス会議で発言した。シュワブとともに、気候変動（気象兵器）やパンデミック（生物兵器）、戦争、大量の不法移民（兵役適齢の男性移民）、食料不安などの話題を取り上げた。

そして、暗に「自分たちのルールにもとづく世界秩序（Rules Based World Order）に従わないなら、それらの方法で人類を皆殺しにする」と脅迫したのだ。

しかし、世界中で多くの人々がオクタゴン・グループの世界支配体制を打倒すべく動いている。アジア、アフリカ、中東の多くの国々が、欧米の民間中央銀行が発行する「なんら裏づけを持たないドルやユーロの貨幣」での取引をいっせいに拒んでいるのは、その一環だ。

たとえば、インドネシア政府は2023年6月10日から、主にアルミニウムの主要原料として使用される未加工のボーキサイト鉱石を輸出禁止にした。

ニッケル鉱石については、2020年1月、先んじて輸出を禁止していた。銅、鉄鉱石、鉛、亜鉛などの輸出禁止は延期されたが、インドネシア政府は今後、すべての金属鉱石の輸出を禁止する方針を発表している。

これは、「欧米の通貨と自国の資源との交換」をやめるための措置だ。軍事力を持つロシアや中国は、そうした国や地域をオクタゴン・グループ傘下の勢力から守っている。

欧米内部でも、目覚めた一般市民がオクタゴン・グループを脅かしている。じつは、「王族や貴族、財閥による絶対支配」が水面下で隠されていた。

これまで自分たちが暮らす国は正義や人権を重んじる民主主義の法治国家だと信じていた欧米市民たちが、それに気づいて支配層への反発を急速に強めているのだ。欧米諸国で毎日のように大規模なデモやストライキ、暴動などが起きているのは、そのためだ。

情報源らは、「オクタゴン・グループの支配体制を早く終わらせるためには、彼らが支配してきた世界旧体制の崩壊を静観することが最善の策だ」と話している。

その後、オクタゴン・グループが目論《もくろ》んでいた「世界の絶対独裁支配」に代わり、「ゆるやかに連帯する多極的な国際体制」が構築されるという。

そのタイミングは不明だが、現在の国際情勢を見ると、既存の体制の崩壊が日々エスカレートしていることは間違いない。

ドイツと「オーストリア＝ハンガリー」が再び強力な同盟

将来、歴史学者たちは、「第二次世界大戦が本当に終結したのは2023年の夏だった」と論じるようになるだろう。これは、2023年7月中旬に開かれたNATO首脳会合の結果を受け、MI6筋やFSB筋、モサド筋など多くの情報源が共有した認識だ。

水面下の第二次世界大戦は、エリザベス女王が率いる「イギリス派閥」と、アドルフ・ヒトラーの血族などで構成されたドイツの「ナチス派閥」のあいだで戦後も続いていた。ナチス派閥には、ドイツのアンゲラ・メルケル前首相などのヨーロッパ勢、そしてアメリカのヒラリー・クリントンやバラク・オバマなどロックフェラー一派も含まれている。

そのナチス派閥が敗れたことで、ヨーロッパだけでなく、アメリカでも根本的な権力構造の変化が見られるだろう。

今回も第二次世界大戦の「公式の終戦（1945年）」と同様に、ロシアに感謝すべきだ。当時、ソビエト連邦は多大な犠牲を払ってナチス・ドイツを打ち負かした。今回も、ロシアがウクライナのナチス政権を完全に圧倒したことで、ハザールマフィアが目論む「古代悪魔崇拝の王国ハザール復活計画」は頓挫した。そして、「世界を人間牧場にする計画」も失敗に終わった。

これにより、ヨーロッパでは第一次世界大戦前に近い状態に地図が塗り替えられる可能性が高まっている。

ドイツでは極右政党ＡｆＤ（ドイツのための選択肢）の支持率が急上昇している。ＡｆＤは、「ＥＵを再び自由貿易だけに限定した（政治的つながりを排除した）共同体に戻すべき」と主張し、「ＥＵ通貨同盟（ユーロ）の解体」と「旧通貨マルクの復活」を求めている。

多くのドイツの愛国者が、既存体制の崩壊とドイツ帝国の復活を熱望しているのだ。

オーストリアとハンガリーも、このドイツの動きを支持している。彼らもまた、第一次世界大戦で解体されたオーストリア＝ハンガリー帝国への回帰を目指しているからだ。

2017年6月19日、中央欧州防衛協力（CEDC）の構成国であるチェコ、スロバキア、ハンガリー、オーストリア、スロベニア、クロアチアの国防相が会合を開いた。

そこで、国境を守るために連携を図る「共同行動計画」を宣言した。

この計画は、表向き「移民の流入を防ぐため」とされているが、CEDCの構成国を見ると、まさに第一次世界大戦後に解体されたオーストリア＝ハンガリー帝国領そのものだ。

彼らは、まず軍事同盟として団結し、オーストリア＝ハンガリー帝国の復活を実現しようとしている。

かつてウクライナの中央付近では、ドイツ帝国、オーストリア＝ハンガリー帝国、ロシア帝国の国境が接していた。

もしドイツ帝国とオーストリア＝ハンガリー帝国が実質的に復活すれば、中央ヨーロッパの状況は第一次世界大戦前に戻る。そうなれば、ドイツとオーストリア＝ハンガリーが再び強力な同盟を組み、中央ヨーロッパの主導権を握ることになる。

イギリス派閥が計画する30万人規模のNATO軍隊新設

水面下の第二次世界大戦に勝利したイギリス派閥は今後、ドイツ、イギリス、カナダが、リトアニア、エストニア、ラトビアを保護する計画を進めるといわれている。場合によっては、それらの国が、かつてポーランドやウクライナの地に存在したポーランド＝リトアニア連邦の復活に向けて動き出す可能性もある。ロシア政府も「ベラルーシを攻撃しない」と約束するなら、ポーランド＝リトアニア連邦の復活を支援する意向だ。

イギリス派閥の計画では、ドイツに30万人規模の強力なNATO軍隊を新設する。そうなれば、NATOの軍産複合体利権もヨーロッパの変化を容認できるという。また、イギリス派閥は、長期的な計画として、欧米の軍産複合体を平和的産業に転換することも視野に入れている。

２０２３年10月15日に実施されたポーランド総選挙で、ドナルド・トゥスク率いる野党勢力が過半数の議席を獲得した。

トゥスクはドイツの工作員であり、彼が権力を握れば、ポーランドはドイツに吸収される可能性が高い。ポーランドの活動家によると、すでにポーランド国内にはドイツ兵が配備されているという。

これは、ウクライナのNATO加盟が見送られたことも関連している。

ある情報源によると、ウクライナ領土はドイツ政府とロシア政府のあいだでの山分けが決まっているという。

ドイツはウクライナとポーランドを吸収し、第一次世界大戦で解体されたドイツ帝国の復活を着々と進めている。それが実現すると、ウクライナで進められていたハザール王国の復活計画は完全に頓挫し、ハザールマフィアはイスラエルに居座るしかなくなる。

イスラエル当局筋の話では、イスラエルはスエズ運河に対抗して紅海からガザ経由で地中海を結ぶ新たな運河の建設計画を水面下で進めているという。

ネタニヤフがガザ地区のパレスチナ人を殲滅しようとしているのは、運河建設とガス油田開発のための地上げだ。もし運河が完成すれば、他国から攻め込まれたときの防衛線にもなる。

ニュルンベルク裁判のような戦犯裁判で欧米を浄化

フランスでは「内戦の差し迫る脅威」について、防諜《ぼうちょう》機関DGSE（対外治安総局）のピエール・ブロシャン元長官が次のように警鐘を鳴らした（引用者訳）。

大規模な「移民によるフランスの植民地化」が、わが国の崩壊につながる可能性がある。（中略）私たちが何もしなければ、あるいはほとんど行動を起こさなければ、フランスにおける社会的信頼は徐々に崩壊へと向かうことになる。……フランスは、まったく生きていけない国になるだろう。（中略）誰の目にも、われわれは、いまや、大陸、安全保障理事会、G7、G20の「病人」だ。

現在、フランス国民の74％が「国内に移民が多すぎる」と考え、62％が「EU条約やEU法を無視し、移民を抑制すべきだ」という意見だ。

フランスでは近年、一般市民や軍人らのあいだで「新体制の誕生」が強く叫ばれている。

そのためには、まず、フランスに流入した危険分子と見なされる移民、とくに兵役適齢の男性移民を国外に追放する必要がある。

そのうえで、新体制を整え、経済や社会の立て直しに本腰を入れるしかない。新しいヨーロッパ体制が確立され、覇権地図が変われば、第二次世界大戦後に行われたニュルンベルク裁判のような大規模で厳格な戦犯裁判が必然的に開かれるだろう。

ロシア政府は、18カ月間にわたり、アメリカがウクライナの研究所に生物兵器製造の資金を提供していたことを証明する徹底的な証拠を国連や各国政府に提出してきた。

さらに、ロシア国防省は、「バイデンの一家（＝ナチス派閥のロックフェラー一派）が、ウクライナに本拠を置くバイオラボ運営会社メタビオタを通じて生物兵器を製造している」と暴露し、アメリカ政府を強く非難している。

ロシアはウクライナとの和平の条件として、生物兵器禁止条約（ＢＷＣ）違反について国連安保理事会に調査を求めている。

また、水面下ではイギリス派閥とロシアが「生物兵器に関して戦犯裁判を行う」と約束しているという。

この裁判では、アメリカのナチス派閥だけでなく、新型コロナウイルスのパンデミック規制や危険ワクチンを国民に強制した世界各国の政治家も審問されるだろう。それを経て、欧米社会が浄化されれば、世界は新たな世界体制の構築に向けて進むことになる。

BRICSの拡大と欧米G7国家の孤立

2023年9月19日から各国首脳によって行われた第78回国連総会の一般討論演説を控え、世界各地で、さまざまな国際会議が開催された。

それらの国際会議では、明らかに欧米のG7国家が孤立している様子が目立った。G7側は、この現状を打開するために、インドやアフリカを口説こうと必死だったが、うまくいかなかった。

少しさかのぼること2023年8月24日、BRICSの首脳会議で、アルゼンチン、エジプト、イラン、エチオピア、サウジアラビア、UAEの計6カ国にBRICSへの新規加盟の資格が与えられた。

ただし、アルゼンチンは加盟を辞退した。また、サウジアラビアは検討中としている。

その結果、BRICSには現在、ブラジル、ロシア、インド、中国、南アフリカ、イラン、エジプト、UAE、エチオピアの9カ国が正式加盟している。
もしサウジアラビアが正式加盟に踏み切れば、BRICSは10カ国体制（BRICS10）となり、世界の原油生産量の41%、人口の46%、世界GDP（PPPベース）の36%を占めるようになる。

一方、G7の経済規模は、世界GDPの30%、人口は10%未満だから、明らかにBRICS陣営に対して劣勢だ。

さらに、2024年6月には、タイやマレーシアも加盟を正式申請し、トルコ政府も「BRICSへの加盟を望んでいる」とメディアなどで公言している。

BRICS全体の原油埋蔵量は、産油国であるイラン、サウジアラビア、UAEの新規加盟によって7360億バレルにまで増加し、G7の2050億バレルをはるかに超える見込みだ。

この状況下で、G7は、「BRICSの意向を無視すると石油が手に入らない」という不利な立場に追い込まれている。

欧米エリートたちは、G7を支配し続けるため、インドやアフリカを自陣営に取り込んで、BRICS加盟国の足並みを乱そうとしている。

2023年9月9日のG20サミット（欧米G7主導の枠組み）で、インドを議長国とし、アフリカ連合（AU）を新しく加盟させたのは、その意図が多分に含まれている。

彼らはインドを口説くため、「インド系のイギリス首相リシ・スナクに続いて、インド系のアメリカ副大統領カマラ・ハリスを大統領にする」と約束し、インド政府を懐柔しようとしているとCIA筋は話している。

しかし、そんなことでインドのナレンドラ・モディ首相が口説き落とされるわけがない。昔からインドには、対立する陣営のどちらかに属するという考えはない。以前から、「中立の立場で、どの国とも平等につきあいたい」との考えを何度も世界に発信している。

インドは歴史的にロシアとの友好関係を築いてきた。その関係を捨ててまで、いつ裏切るかわからない欧米G7に与《くみ》するなど、ありえない。

インド政府は、G20サミットで国名を「バーラト（Bharat）」と表記していた。バーラトとはヒンディー語で「インド（India）」を指す言葉で、憲法上ではインドと並ぶ正式国名だ。

これは、日本政府が国際会議の場で、突然「Japan」ではなく「Nippon」と名乗り始めるようなもので、かなり興味深い出来事だった。時代の変わり目を表す象徴のひとつだ。

また、アフリカに対する欧米勢力の丸め込み作戦も、うまくいっていない。

2023年9月4日、彼らはケニアの首都ナイロビで「第1回アフリカ気候サミット」を開き、各国に参加を呼びかけた。

しかし、国連のアントニオ・グテーレス事務総長やアメリカのジョン・ケリー気候変動担当大統領特使、EUのライエン欧州委員会委員長などの欧米勢力はそろって出席したが、アフリカからは3分の1以下の国しか参加しなかった。

欧米の「新型ウイルス流行再発」計画は相手にされず

G20国家（G7を除く）は、「国際会議に参加するなら、経済協力などの議論に専念したい」という本音を抱えている。「ウクライナが危ない。ウクライナを支援しなければ」と壊れたレコードのように同じテーマや論調を延々と繰り返しているのはG7国家だけだ。

そのため、G20サミットではG7諸国の孤立が浮き彫りとなり、同じ現象がASEAN＋3（東南アジア諸国連合10カ国＋日本、中国、韓国）の会合でも見られた。

ロシアのラブロフ外相は、こうした状況について次のように述べている。

"The 'Western collective' with the participation of some of their partners from the Asian part of this summit tried every possible way to undermine the constructive work, using various pretexts to raise the Ukrainian issue at one angle or another,"

（中略）

"This is above all the acceleration of sustainable development of the countries in the region, solving problems in the field of food and energy security, improving emergency preparedness, the adoption of the digital economy and much more,"

訳＝西側諸国はウクライナ問題を持ち出すために、さまざまな口実を使い、ＡＳＥＡＮ会合の建設的な取り組みを台無しにしようとした。（中略）そうした試みに、ほかの国々はうんざりしている。（中略）

　この会合の目的は、何より、地域諸国の持続可能な発展、食料とエネルギーの安全保障分野の解決、緊急事態への備えの改善、デジタル経済の導入などの問題に取り組むことだ。

（『タス通信』２０２３年９月８日）

西側の欧米勢力は権力を取り戻すために、「新型ウイルスの流行再発」を計画しているようだが、いまさら誰も相手にしない。

最近も、「新型コロナウイルスの感染者が増加している」とメディアや国際機関を使って危機を煽《あお》ろうとしている。

しかし、WHOによると、感染者の推移について報告しているのは、WHO加盟国のわずか43カ国（全体の4分の1未満）だけだ。

さらに、入院に関するデータを提供しているのは、加盟国の10分の1（194カ国中20カ国）にすぎない。

つまり、2020年のように、新型ウイルス騒動で世界を動かすこともできない。

また、欧米エリートたちは、気象兵器を乱用して気候変動キャンペーンを張り、世界の国々を従わせようとしている。

しかし、アフリカ気候サミットに各国首脳が集まらなかったことから、この試みも失敗に終わったといえる。

なぜ、ヨーロッパでは極右政党が勢力を伸ばしているのか

ヨーロッパでは、フランス、ドイツ、オランダ、ポーランドなど多くの国々で農家やトラック運転手たちがトラクターや大型トラックを使い、大規模な反政府デモを繰り広げた。鉄道職員たちもストライキに突入して各国の流通は麻痺《まひ》し、政府も揺らぎ始めている。

この抗議デモは当初、「窒素大幅削減策」など一部の農家に対する政策に反発して始まったものだが、いまでは「政府の転覆」を目的とする動きに拡大している。しかも、アメリカと同様、兵役適齢の男性移民が大量に流入し、治安の悪化がエスカレートしている。

そんななか、愛国派の政党が各国で勢力を伸ばしている。たとえば、ドイツでは極右とされる政党ＡｆＤの支持率が急上昇している。その議員が掲げるマニフェストは次のとおりだ（引用者訳）。

私たちは何百万人もの外国人を祖国に送り返します。これは秘密の計画ではありま

せん。これは約束です。さらなる安全のため、さらなる正義のため、われわれのアイデンティティを守るため、ドイツのために。

ほかに注目すべきは、ローマ教内部での反乱だ。

フランシスコ教皇は近年、「同性愛者の事実上の結婚を社会的に認めるべきだ」と発言している。しかし、南米やアフリカなど、ローマ教信者が多く住む地域の教会は、この発言に従わない方針を示している。

これにより、フランシスコ（影武者）とその裏にいるハザールマフィアはローマ教の支配を失った。

２０２４年１月15日から19日まで、ハザールマフィアの司令部があるスイスで開催されたＷＥＦの年次総会では、「信用を取り戻す」というテーマが掲げられた。しかし、実際には、「どうしたら人々に電柱から吊るされずにすむか」ということしか考えていないはずだ。

多くの国連加盟国が拠出金を差し出すことを拒否したため、２０２３年末に国連のヨーロッパ本部であるジュネーブ事務局が資金難で一時閉鎖された。やはり、世界革命は始まっている。

アメリカ軍にロシアの欧州侵攻を止める能力はない

2024年に入ってから、ロシア政府がフランスに対して正式に宣戦布告する可能性が高まった。

ロシアのミサイル攻撃によって、ウクライナ国内でフランス兵60人以上が死亡した。これらのフランス兵は、ウクライナからロシア領土にミサイルを発射していたという。

そこで、ロシア議会は、「フランス軍の特殊部隊がウクライナに配備されていた証拠」をフランス議会に提出して抗議した。

ウクライナで死亡したフランス兵が傭兵《ようへい》ではなくフランス正規軍の兵士だったことが証明されれば、国際法上、ロシアにはフランスに対して戦争を起こす権利があることになる。

フランスやドイツの軍上層部は、以前から「ロシアが欧州侵攻を始めた場合、アメリカが介入しなければ、EUの領土は数週間のうちに制圧されるだろう」と分析している。

アメリカのニュースメディア『ポリティコ』のヨーロッパ版では、ベルギーのマルク・

ティス退役中将の言葉を引用し、「ベルギー軍は弾薬と資金が非常に不足しており、戦争が起きれば、兵士たちは開戦直後から石を投げて戦うはめになるだろう」と指摘している。

2024年1月24日から、NATOは約9万人の兵士、約50隻の海軍艦艇、約80機の戦闘機、1100台以上の戦闘車両などを参加させ、数十年で最大規模の軍事演習をした。

しかし、その程度ではNATOがロシア軍の侵攻を止めることはできない。

マクレガー退役大佐などアメリカの軍事専門家も、「いまのアメリカ軍にロシアの欧州侵攻を止める能力はない」と断言する。

ヨーロッパと同様にアメリカも火薬や資金が不足しており、大部隊をヨーロッパに送る場合も、到着前に潜水艦からのミサイル攻撃で壊滅する可能性が高い。

内部告発で子どもへの拷問とアドレノクロム搾取が発覚

2024年2月、アメリカ政府高官から恐ろしい内部告発資料がリークされた。そこには、ある施設で拷問されていた子どもたちの詳細なデータがあった。具体的には、氏名、生年月日、拷問期間、処分された日付などがリスト化されており、実際に拷問をした人物の名前や顔写真、複数の拷問施設の住所まで記録されていた。

この資料は、ＣＩＡやアメリカ軍特殊部隊、ＭＩ６、ＦＳＢ、モサドなどに送付されたという。

施設に収容された子どもたちは、幼児期から思春期までのあいだ、継続的に拷問を受けていた。その目的は、過度の恐怖やストレスを肉体的、精神的に与えることで、血中に放出されるいくつかの成分を採取することだった。

子どもは、ひどい拷問を受けると、強いストレスで「アドレノクロム」というアドレナリンより強い刺激を与えるホルモンを血中に大量に放出する。これは子どもからしか採取できない。

ほかにも、脳内の神経伝達物質で、快感や多幸感が得られる「ドーパミン」や、脳内の神経伝達物質のひとつで、精神の安定や幸福感が得られる「セロトニン」がある。死亡する直前には、脳内の松果腺《しょうかせん》で「ジメチルトリプタミン（ＤＭＴ）」という幻覚物質が生成される。

それらの成分をハザールマフィアや欧米エリートなどの超セレブたちが高額で買い取り、麻薬や若返りの薬として使ってきた。

元ローマクラブ会長で国連の元事務局長であるカリン・ジョルジェスクの告発によれば、世界中で毎年800万人以上の子どもたちが、超富裕層の犯罪に巻き込まれて失踪しているという。

また、彼は、「世界各国の首相や大統領などは、国のために働いているのではなく、その超富裕層の命令に従っている」とも述べている。日本の政界も例外ではないだろう。

しかし、欧米エリートたちが粛清される日は着実に近づいている。

その前兆のひとつとして、2024年1月31日にアメリカの上院司法委員会で、「子どもに対するオンライン上の性的搾取」に関する公聴会が開かれた。

この公聴会では、メタ（旧フェイスブック）のCEOであるマーク・ザッカーバーグが「インスタグラム独自のアルゴリズムが児童の性的搾取を促進している証拠」を突きつけられ、謝罪に追い込まれた。

この際、上院司法委員会は、ザッカーバーグに対し、「あなたの手は血で染まっている」と公然と非難した。

以前、ザッカーバーグは、フェイスブックに次のようなコメントを投稿したことがある。

Although many humans find participating in and observing sexual congress to be both pleasurable and fulfilling, I sometimes find it challenging to observe the subsequent removal of adrenochrome from the smaller participants, as illustrated in the photograph below.

Ingesting the adrenochrome, however, is as enjoyable a human activity as any I have yet engaged in.

訳＝多くの人間は、性的会議に参加したり、それを見たりすることで快感や充実感を得ているが、私はその後に小さい参加者からアドレノクロムを採取する様子を見るのが困難だと感じることがある。

しかし、アドレノクロムの摂取は、私がこれまでに携わった活動のなかで最も楽しい人間の活動だ。

２０２４年１月31日、バイデン政権がジョン・ポデスタ大統領上級顧問を気候変動担当の大統領特使に任命した。

彼の自宅には、幼児を縛りつけたり、下着姿や裸にしたりしている絵画が飾られているのは有名な話だ。

ポデスタは、2016年のアメリカ大統領選で、ヒラリー陣営の選挙対策責任者を務めた男だ。ザッカーバーグやヒラリーと同じく、じつはロックフェラーの血筋といわれている人物でもある。

ハザールマフィアの狙いは食料危機による人類管理

この恐ろしい犯罪集団（悪魔崇拝のハザールマフィア）が国連や世界の多くの政府を管理していることは、もはや周知の事実だ。「この事実が人類にばれている以上、彼らの支配の終わりは近い」とジョルジェスクを含む多くの論客たちは指摘している。

実際、ポデスタが特使に就任した気候変動のプロジェクトに対する政策が、ヨーロッパやアメリカの農家の反発を招き、大規模な反体制デモに発展した。

デモに参加する農業生産者たちは、現状を変えなければ、ほとんどが破産に追い込まれると訴えている。

彼らが問題にしているのは、燃料費の高騰、二酸化炭素の削減政策、インフレ、急進派による官僚主義、ウクライナからの穀物輸入と、非常に現実的な問題ばかりだ。

ジョルジェスクなどの内部告発者によると、欧米の支配階級が長年にわたって気候変動のデマを流し、「環境にやさしい政策」を人類に押しつけてきた。その真の目的は、「食料危機を起こすこと」だ。

それにより、一般の人々を欧米エリートが管理する食料に依存させる狙いがある。

実際、ヨーロッパの農家を圧迫しているウクライナ産の農産物の多くは、ロックフェラーなどが支配するハゲタカファンド（ブラックロックやヴァンガード）が所有するウクライナの大規模農園で生産されている。

また、アメリカでも12州の農業当局トップが「温室効果ガスの排出をゼロにするという政策は、わが国の農業に壊滅的な影響を与える」と共同で警告を発した。

この目標を達成するためには、新たな設備の導入など、インフラの全面的な見直しが必要になる。彼らは、それが「食料コストを上昇させ、食料生産を減少させる」と警鐘を鳴らしているのだ。

もちろん、農業以外の分野でも、欧米は革命前夜の様相を呈している。

たとえば、アメリカでは一般の人々が銀行から預金を引き出し続けており、わずか1週間で、銀行全体で1600億ドルの預金が流出した時期もある。

バイデン政権は、経済統計をごまかし、アメリカ経済の空中分解を覆い隠そうとしている。2024年1月に発表された雇用統計を見ると、アメリカ人の平均時給が急上昇しているが、じつは統計上の平均労働時間を短く細工し、時給が上がったように見せているだけだ。

いずれにせよ、欧米の支配階級によるごまかしは、そう長く続けられない。

皆既日食に備えて厳戒態勢が敷かれるアメリカ

既存の欧米権力の動きが、明らかに危険な領域に突入している。ある情報筋によると、現在、イスラエルでは「第三神殿建設」の準備が進んでいるという。

彼らにとって、第三神殿の建設は大患難時代（世界の終わり＝世紀末）が近づいていることを意味する。それに向け、神殿の完成時に必要な「赤い雌牛3頭」を焼くための施設もすでに完成している。祭司が神殿に入る前に、その灰で自分の身を清めなければならないという。

この儀式が行われる前に、悪魔崇拝カルトのハザールマフィアが何かとんでもないことをしでかす可能性は、きわめて高い。

じつは、情報源らのあいだで最も警戒されていたのが皆既日食だ。最近では2024年4月8日（現地時間）に起こった。

それはなぜか。じつは、皆既日食に向け、アメリカ国内では停電や暴動、大きなテロや事件などに備えて軍の厳戒態勢が敷かれるからだ。

通常なら皆既日食が起きるからといって、こうした準備や警戒は必要ない。それでも厳戒態勢が敷かれるのは、その日にハザールマフィアが何かとんでもないことを企むと、当局が考えていたからだ。

結局、蓋を開けてみると、皆既日食の際に飛行機で生物兵器をばらまく計画があったようだが、それは阻止された。

もし一度、ことが起きれば、大勢のアメリカ人が生贄として命を落とすことになるだろう。窮地に立たされているハザールマフィアなら、それぐらいはしかねない。

ガザ地区でハザールマフィアが大量虐殺を始めてから、アメリカとイスラエルの孤立は急速に加速している。2024年2月20日に発表されたデータを見ると、2023年第4

四半期にイスラエルのGDPが年率で19・4％も減少した。

その後も、イエメンの親イラン武装組織フーシ派が紅海でイスラエル向けの貨物船を次々と撃沈しているため、物資が届かず、イスラエルの経済活動は、さらに停滞している。

アメリカからの支援金も停止しているため、イスラエルが経済危機に陥り、降伏するのは時間の問題だ。すでに大量のイスラエル人が他国に逃亡している。

フランス軍もアメリカ軍も政権の命令には従わない

アメリカは莫大な負債を抱えているうえに、BRICS諸国から経済制裁を受けて完全に行きづまっている。さらに、アメリカ軍は明らかにバイデン政権の命令に従っていない。

ペンタゴン筋によると、アメリカ軍は政権の意に反してイスラエルに対する攻撃の準備を始めたという。

当然、悪魔崇拝カルトのハザールマフィアも、これに便乗して第三次世界大戦を引き起こそうとするだろう。しかし、周辺国を巻き込むような大戦争には発展しない。

ガザの大虐殺も第三次世界大戦を勃発させるための画策だが、周辺諸国はハザールマフィアの挑発に乗らなかった。

フランスの軍幹部筋からは、「マクロン大統領がロシアとの戦争準備を始めるよう軍に指示を出した」との情報も寄せられている。もちろん、世界大戦を勃発させるためだ。ほかに、抗議活動を続ける一般市民への射殺命令も出したという。

しかし、フランス軍もアメリカ軍と同様、マクロンの命令にまったく従っていない。

同筋によると、大統領の主任軍事顧問や統合参謀総長などを歴任したジャン＝ルイ・ジョルジュラン退役陸軍大将が、「登山中の事故死」というかたちで２０２３年８月に殺されてから、フランス軍は良心派主導になっているという。

その良心派がマクロンの取り巻きを粛清し始めた。２０２４年3月21日には、フランソワ・ミッテラン元大統領の甥《おい》で元文化相のフレデリック・ミッテランが粛清の標的になった。報道では「がん闘病の末に死去」と発表されている。

今後、フランスでは政財界の重鎮の死去が、たびたび報じられることだろう。

いずれにせよ、マクロンが試みた第三次世界大戦勃発の工作は失敗に終わった。

２０２４年3月22日、ロシアの首都モスクワ郊外のコンサートホールでＩＳＩＳがテロを起こした。しかし、ロシアはウクライナの電力網を破壊しただけで、第三次世界大戦を起こす気配がない。

このカルト集団は、「何がなんでも赤い雌牛の生贄儀式を行い、第三神殿建設の準備を進めなければならない」という狂信的な思想にとらわれている。そのため、彼らが今後も世紀末をみずからつくりだすために、次々と「とんでもないこと」をしかけてくる可能性が高い。

王族の健在ぶりを誇張するイギリス王室の異変

イギリス王室でも異変が相次いでいる。2024年に入ってから、チャールズ国王やカミラ王妃、ウィリアム皇太子、キャサリン妃、アンドルー王子、エドワード王子など、多くの王室メンバーが公の場から姿を消したのだ。

2024年1月、イギリス王室はチャールズのがん治療と、キャサリン妃の腹部手術による公務休暇を立て続けに発表した。

その後、故ダイアナ妃の親友とされる人物が「Kate Middleton Was Murdered in 'Illuminati Blood Sacrifice'〈キャサリンが「イルミナティの血の犠牲〈悪魔崇拝儀式の生贄〉」として殺された〉」

と告発し、ＳＮＳ上で話題になった。

イギリス王室は、この告発を否定し、キャサリンが健在であることを示すため、明らかに加工された画像を発表した。無論、それは、すぐにマスコミに暴露された。

すると、今度は、ウィリアムと一緒に写真やビデオに映っているキャサリンの姿を公開した。

これも、ＢＢＣの王室担当記者は、「その女性は明らかにキャサリン妃ではない」と断言した。そこに映っていたのは、イギリス王室が用意したハイジ・アガンというキャサリンのそっくりさんだった可能性が高い。

イギリス王室には、ほかにもおかしな動きが多い。２０２４年3月18日には、イギリス王室から「昨日の午後、国王が突然亡くなった」と公印が押された声明文が関係各所に送られたと、ロシアなどの海外メディアが報じた。

前日の17日には、イギリス政府の複数の関連施設に半旗が掲げられ、弔意が表明されていた。

ほぼ同時に、なぜか、アメリカのオバマ元大統領がイギリス首相官邸を訪問した。

その直後、イギリス政府が「チャールズ国王もキャサリン妃も健在だ」と突然発表した。

不鮮明な人物画像を公開し、「チャールズ国王は生きている」と猛アピールを始めたのだ。

イギリスの情報筋は、「キャサリンを生贄にしたことがイギリス当局の良心派に知られ、その儀式に参加したイギリス王室のメンバーたちは、すでに粛清された」と話す。

同筋によると、悪魔崇拝のハザールマフィアは、その事実を世間に悟られないよう、必死で隠蔽工作をしているのだという。

モスクワで「3月22日」にテロが発生した理由

最近、軍の関与する大きな動きが起きる兆しが数多く見受けられる。

先日、ある人物から、「ロシアのＦＳＢ、アメリカのペンタゴンとＣＩＡ、ハプスブルク王朝および南極に潜伏している勢力の代理がアジア某国に集まり、緊急会議を開くことになった」との情報が寄せられた。

この会議のきっかけは、２０２４年3月22日にロシアのモスクワ近郊で発生したコンサートホールでの大量殺人テロ事件だ。これに関連して、すぐに欧米の軍、諜報当局の改革勢力とＦＳＢが事件の首謀者について、裏で情報交換をしたという。

アメリカ軍筋によると、攻撃に参加したテロリストたちは、もともとシリア北東部のアル・ハウルにあるアメリカ・ＩＳの基地にいたという。その後、パキスタン国内にあるイギリス・ＩＳの基地に移動し、そこからロシアのモスクワに向かったという。

モスクワでテロが発生した「3月22日」という日付にも意味がある。

同筋によれば、この日付はアメリカのイェール大学の秘密結社スカル・アンド・ボーンズのエンブレムにある数字「３２２」に関連しているという。諸説あるが、この数字はスカル・アンド・ボーンズが設立された「紀元前３２２年」に由来しているようだ。

そもそも、このスカル・アンド・ボーンズはドイツ系の結社だ。ＭＩ６筋によると、アメリカにおける結社の指導者は、ヒトラーの孫といわれているオバマ元大統領だ。

そのオバマが突然、２０２４年3月18日にイギリス首相官邸を訪問した。ＭＩ６筋によると、その際にオバマがロシアへのテロ攻撃にゴーサインを出したという。無論、このことは、ＭＩ６からロシア当局に情報提供された。

こうして欧米の軍や当局、ＦＳＢが裏で情報交換をしたあと、ロシアの『タス通信』がロシア外務省のマリア・ザハロワ報道官の発言を引用して次のように報じた。

"I think they've boxed themselves into a corner, because as soon as they started screaming that it was ISIS, all those people who work in international relations, who are political scientists and experts, recalled and reminded everyone else what ISIS really is," the diplomat said. "You are behind all those ISIS - type structures, you - the United States, Great Britain - yourselves brought them into being," she concluded.

訳＝「彼らは自分たちを追いつめてしまったのだと思う。なぜなら、彼らがＩＳＩＳだと叫び始めると、すぐに政治学者や専門家である国際関係に携わる人々はみな、ＩＳＩＳとはなんなのかを思い出し、ほかの人々に思い出させたからだ」と外交官はいった。「これらすべてのＩＳＩＳ型構造のテロ組織の背後にいるのは、あなたたちアメリカとイギリス。あなたたちがそれらをつくったのだ」と彼女は結論づけた。

（『タス通信』２０２４年３月27日）

モスクワで大量殺人テロが起きた数日後、今度はアメリカのメリーランド州でコンテナ船が衝突し、全長２・６キロメートルの橋が崩落するという事件が起きた。

アメリカ・メリーランド州ボルティモアで26日未明、パタプスコ川にかかる橋にコンテナ船が衝突し、橋が崩落した。

（『BBC』2024年3月27日）

このBBCの記事のトップにある動画を注意深く見ると、橋が崩落する直前に数カ所で爆発が起き、黒い煙が上がっているのが確認できる。

つまり、この事故は、たんなる船の衝突事故による崩落ではなく、何者かによって爆破されたのは明らかだ。この橋の崩落により、アメリカ軍が使用していた高速コンテナ輸送船5隻のうち、次の4隻がパタプスコ川に閉じ込められて海に出られなくなっていた。

◎The Cape Washington, a Cape W Class roll-on/roll-off vessel.
◎The Gary I. Gordon, a Gordon-class roll-on/roll-off vessel.
◎The SS Antares (T-AKR-294), a Algol-class fast sealift vehicle cargo ship.
◎The SS Denebola (T-AKR-294), another Algol-class fast sealift vehicle cargo ship.

この時点で、もしロシア軍が突如として西ヨーロッパに進撃を開始したら、アメリカ軍は、それを阻止するための武器などの物資を必要なタイミングで戦場に送ることができなかった。

この状況から考えると、ロシアが英米に対して西ヨーロッパへの進軍を通告した、もしくは、それを示唆した可能性は大いにありうる。そうでなかったとしても、この事態に欧米勢が強い危機感を抱いても不思議ではない。

アメリカが日本と韓国の占領をあきらめる日

アメリカが今後どうなろうと、東アジアの脱アメリカの動きは、飛躍的に加速していく可能性が高い。

2023年9月8日、北朝鮮が戦術核兵器10発を搭載した「戦術核攻撃潜水艦」を公開した。

CIA筋によると、これはロシアから入手した最新型の潜水艦で、大量の砲弾（大砲の弾丸）を提供する代わりに得たもののようだ。

北朝鮮はアメリカに対し、「日本と韓国の占領を終わらせないなら、アメリカ本土に核ミサイルを撃ち込む用意がある」と水面下で伝えたという情報もある。

その場合、ペンタゴン筋は、「遠いアジアの国のために自国を犠牲にするつもりはないので、アメリカは日本と韓国の占領をあきらめるだろう」と話している。

犯罪拠点に堕落したアメリカの支配体制が瓦解すれば、人類は「調和のある平和な世界」へと大きな一歩を踏み出せるはずだ。

世界権力の最高峰で大きな「地殻変動」の予兆

こうした背景が重なり、先述のアジア某国での緊急会議が開かれた。この会議で、ロシアがバイデン政権の排除を要請したのは間違いないだろう。

ロシアのアナトリー・アントノフ駐米大使も、「バイデン政権下では米ロ関係の改善は不可能だ」と明言している。

つまり、ロシアとしては、バイデン政権の終了が交渉の絶対条件だ。

バイデン政権の閣僚は、ほぼロックフェラーが支配する外交問題評議会（CFR）のメンバーで構成されている。ロックフェラーの意のままに動く人間ばかりが集められた政権というわけだ。

ロシアがバイデン政権の終了を交渉の条件にするのは、ロックフェラーによるアメリカ支配の終了を要請したのと同義だ。

FSB筋によると、ロシア政府はFRBの解体も交渉の条件に挙げている。

これに関連する具体的な動きが、次のニュースに表れている。

米ゴールドマン・サックス・グループが日本での銀行業務から撤退することが8日、分かった。すでに新規取引を停止しており、4月15日付で営業を終える。

（『ブルームバーグ』2024年3月8日）

さらに、アメリカの超富裕層たちがいっせいに株を投げ売りしている。たとえば、ビル・ゲイツは保有していた大型ハイテク株（アップル、グーグル、アマゾン、メタ、エヌビディアなど）をすべて売却した。

彼らは近日中に起こると思われる世界的な金融の異変について、なんらかのインサイダー情報を得ている可能性がある。

欧米の超富裕層のあいだでこうした動きが起きている大きな要因のひとつとして、アジアの結社筋は、「世界金融システムの主導権が欧米勢からアジア王族の手に移ったからだ」と伝えている。

そのアジア王族筋からは、「国連（もしくは、それに代わる国際機関）の新しい本部の建設が、すでに東南アジアで始まっている」「近い将来、100兆ドル規模の資金が地球改善事業のために放出される」といった話が聞かれる。

今後の展開は実際に蓋を開けてみなければわからないが、世界権力の最高峰で大きな「地殻変動」が起きつつあるのは間違いない。

得票率が低いのに議席が多い不自然なイギリス総選挙

2024年7月4日、イギリスで総選挙が行われた。その後の報道で、労働党が圧勝し、キア・スターマー党首が新首相に就任したと伝えられた。

しかし、MI6筋は、「今回の選挙では明らかな選挙泥棒が行われた。そのため、イギリス国内の権力紛争は、このまま尾を引くだろう」と話している。

たしかに、イギリス総選挙の結果は不自然だ。

◎労働党＝得票率33・9％、412議席
◎保守党＝得票率23・7％、121議席
◎リフォームUK＝得票率14・3％、5議席
◎自由民主党＝得票率12・3％、71議席

これは一般のマスコミで報じられた上位4党の政党別の得票率と獲得議席数だ（得票率順、定数は650議席）。

大手マスコミでは、支持を急上昇させていた右派政党リフォームUKについて、小選挙区制の影響で議席獲得が難しかったという論調が主流だ。

しかし、得票率12・3％の自由民主党が得票率14・3％のリフォームUKより66議席も多く獲得したというのは、まったくもって理解できない。

この選挙結果を受け、トランプが新党リフォームUKのナイジェル・ファラージ党首をSNSで祝福し、「初議席の獲得、おめでとう」と述べた。

一方、新首相となったスターマーに対しては完全スルー。英米の緊密な関係のなかで、次期アメリカ大統領の最有力候補がそうした態度を取るのは外交儀礼上、きわめて異例だ。

MI6筋によると、イギリスの総選挙を操作して改革を阻害したのは、エリザベス女王を暗殺したドイツ系の派閥だという。ヒトラーの系譜に連なるグループだ。

彼らはエリザベス女王のあとに「偽のチャールズ」を国王に据えたとされている。そのため、MI6の本部にはチャールズ国王の「手書き署名」が入った文書は一度も届いたことがないそうだ。

このイギリスの事態は、日本とも無関係ではない。

2024年6月下旬、天皇陛下がイギリスを訪問した際、イギリス王室からガーター勲章が贈られた。

ガーター騎士団を創設したのは、一般にはエドワード3世とされているが、実際は「王家の血筋ではない女装した男」とされるエリザベス1世だ。

その騎士団に加わることは、「たとえ偽者の王でも忠誠を誓う」ことを強いられる。

今回、それが日本の象徴である天皇陛下に贈呈された背景には、「ワクチン被害の責任を負わされたくなければ、日本政府はわれわれ（偽のチャールズ＝ドイツ系派閥）に従え」という意味が含まれているという。

ＭＩ６筋によれば、イギリスの選挙泥棒は、既存の権力者たちがワクチン被害の刑事責任を逃れるために画策した工作の一環だったようだ。

新型コロナウイルスのワクチンが原因で、大量の人々が死亡したという証拠は、世界で最も評価の高い世界五大医学雑誌のひとつ、『ランセット』に掲載された論文で示されている。

その論文には、「ワクチン接種者３２５人を解剖して調査した結果、74％はワクチンが原因で死亡していたことが判明した」と述べられている。

この論文は、『ランセット』から24時間以内に削除されたが、その後、ほかの医療系雑誌やサイトで再掲されている。

イタリアの調査によれば、「ワクチンを受けていない人に比べ、ワクチン接種者の平均寿命が37％短くなっている」という報告もある。

バイデンの盛大な自爆で「Kool Aid drinker」が目覚める

今回、イギリスの政党のなかで唯一、リフォームUKが「ワクチン被害に対する刑事捜査の開始」を公約に掲げていた。そのため、既存のイギリスの権力者たちは、どうしても彼らに議席を渡したくなかったのだ。

しかし、そんな工作をしても、世界ではワクチン犯罪の取り締まりが確実に進んでいる。たとえば、トランプは、今回のアメリカ大統領選で、「製薬会社を調査する特別委員会を設置する」と約束している。

ペンタゴン筋は、「おそらく、ワクチン被害や製薬会社の犯罪行為を告発し続けているロバート・ケネディJr.が委員会のトップに就くことになるだろう」と話している。

すでに、トランプの対立候補であるバイデンが大統領選からの撤退を表明した。

バイデンは2024年6月27日のテレビ討論会で、「盛大な自爆劇」を演じた。それに加え、同7月4日にも「最初の黒人大統領（＝バラク・オバマ）と一緒に働いた最初の黒人女性だったことを誇りに思う」とラジオのインタビューで意味不明な発言をした。

じつは、このバイデンは影武者で、当時、軍、当局の改革派の意図したシナリオに沿って、わざと失言や奇行を繰り返していたとペンタゴン筋は伝えている。

その理由は、「Kool Aid drinker（クールエイドを飲む人）」を目覚めさせるためだ。

この表現は、もともとアメリカ英語のスラング（俗語）で、自分自身で考えることなく、そのままいわれたことを信じて従ってしまう人を指す。

この言葉の由来は、1978年に起きたアメリカのカルト教団・人民寺院の凄惨な事件にある。この事件では、教祖が指示した毒入りのクールエイド（粉末ジュース）を信者たちが飲んで集団自殺を図った。このとき、多くの信者たちは毒が入っていることを知らずにジュースを飲んでしまった。

近年のアメリカでは、とくに政府の発表や指示を鵜呑《うの》みにして従ってしまう洗脳された人々のことを指す。具体的には、新型コロナウイルスの危険ワクチンを接種してしまった人々などに対して使われている。

そして、いま、CIA筋が話すように、Kool Aid drinkerの集団で組織されている大手マスコミが、バイデンとトランプのテレビ討論を見て、いくらか目覚め始めたようだ。

たとえば、次のニュースからもそれがわかる。

バイデン氏は言葉につまるなど精彩を欠く場面が目立ち、高齢不安が高まる可能性がある。（中略）

バイデン氏は討論会の開始直後から声がかすれ、司会者の質問の趣旨をたびたび取り違えた。トランプ氏の発言中に口を開き、視線が定まらない姿がテレビ画面に映る場面もあった。

（『読売新聞《よみうり》』２０２４年6月28日）

さらに、日本（欧米エリートの傀儡《かいらい》政府）の大本営機関であるＮＨＫも次のように報じた。

バイデン氏は27日に行われたトランプ前大統領（78）とのテレビ討論会で声がかすれ、数秒間ことばにつまる場面がありました。

またトランプ氏による批判に切り返せない場面が目立ち、民主党の一部からもバイデン氏を党の候補者に指名することを疑問視する声が出ていると伝えられています。

（中略）

こうしたなか、前回の大統領選挙でバイデン氏を支持した有力紙ニューヨーク・タイムズは28日、「バイデン氏は選挙戦から撤退すべきだ」とする社説を掲載しました。

（『NHK NEWS WEB』2024年6月29日）

大本営機関がアメリカの既存権力を疑問視するニュースを報じることは、ロックフェラーなどのハザールマフィアの終わりが間近に迫っていることを意味する。

実際、アメリカでは、それまでバイデン擁護一色だった『ニューヨーク・タイムズ』紙ですら、バイデン降ろしを呼びかけていた。

ここで問題となるのが、バイデンが撤退しても、いまのアメリカ既存体制のなかで代わりとなる民主党候補者がハリスしか見当たらないことだ。

彼女は人気がないため、CGやプロパガンダを駆使し、具体的な政策も提示せずに、雰囲気づくりとウソの世論調査で選挙キャンペーンを推し進めている。

ハリスが民主党の大統領候補としてキャンペーンを始めてから3週間ほど経《た》っても記者会見を一度も開かなかったのは、化けの皮が剝がれるのを恐れていたからにほかならない。

それとは対照的に、トランプは頻繁に記者や大衆の前に登場し、具体的な政策を数多く発表していた。

一方で、「バイデンもハリスもいやだけど、トランプもいやだ」という人が非常に多いという事実もある。

この前代未聞の状況により、多くのKool Aid drinkerがパニックに陥っている。国内がカオスに陥っているあいだに、アメリカとイギリスは世界からどんどん取り残されている。

2024年7月3～4日、中ロ主導の上海協力機構（SCO）の首脳会議がカザフスタンで開かれ、ロシアのプーチン大統領が「SCOは（新興国グループの）BRICSとともに新たな世界秩序の支柱であり、世界の発展と多極化への真の推進力だ」と述べた。

プーチンのいうとおり、欧米、とくにアメリカとイギリスを中心とした世界秩序の時代はとっくに終わったのだ。

第4章
再起動する中東経済

「はりつけにされたイスラエルの幼児」としてアメリカ『ニューヨーク・タイムズ』紙が公開したとしてSNS上に拡散されている画像。
壁にあるコンセントの形状が、イスラエルで使用されているものと明らかに異なる
（Xアカウント@Arauzzedの投稿より）

ワグネル反乱騒動の背後にゼレンスキーとの内通

現在、ウクライナで起きていることは、ロシアに対する反転攻勢ではなく、ハザールマフィアによる「虐殺」だ。

とくに標的となっているのは、徴兵されたウクライナの成人男性だ。

かつてウクライナの英雄とされたゼレンスキー大統領が、ロシアの民間軍事会社ワグネルのエフゲニー・プリゴジンと内通しており、ハザールマフィアの命令に従って行動していることも明らかになっている。

ロシア軍指導部の打倒を宣言した同国の民間軍事会社ワグネル（Wagner）の創設者エフゲニー・プリゴジン（Yevgeny Prigozhin）氏は24日、ロシア南部ロストフ（Rostov）州の州都ロストフナドヌー（Rostov-on-Don）にある南部軍管区司令部に入ったと明らかにした。ワグネル部隊が飛行場を含む市内の軍事施設を掌握したとしている。

プリゴジンはこれに先立ち、ロシア軍指導部を打倒するために部隊を率いてウクライナの前線を離脱し、ロシア入りしたと明らかにした上で、同社の部隊2万5000人は玉砕覚悟だと述べた。

（『AFP通信』2023年6月24日）

ことの始まりは6月23日、ロシアのヴァシリー・ネベンジア国連大使が、ウクライナの反転攻勢に対して、「ウクライナ社会ではウクライナ人に対する虐殺行為だと認識されている」という発言したことだ。

この発言を受け、ロシア政府はワグネルに対して虐殺行為をやめるよう命令を出した。その途端、ワグネルが「悪を止めなければならない」としてロシア軍指導部の打倒を宣言した。ついにワグネルの化けの皮が剝がれたのだ。

それにより、ロシア当局は、すぐにプリゴジンの拘束に向けて捜査を開始した。

FSB筋やP3フリーメーソン筋によると、この騒動の背後にはロックフェラーやほかのハザールマフィアがしかけた賄賂工作がある。

プリコジンにはロシア政府を倒すために60億ドルが渡されたというが、彼に追従するワグネルの傭兵が十分に集まらず、計画が失敗したようだ。

この一件で、ロシア国内の裏切り者が特定され、ウクライナ戦争においてハザールマフィアは打つ手がなくなった。

イスラエルで展開される自作自演テロの狙い

そんななか、ハザールマフィアがイスラエルで大規模な自作自演テロを展開している。その狙いのひとつは、ウクライナ戦争と同様に支援を募り、世界から多大な資金を巻き上げることだ。

また、イスラエルに戒厳令を敷いて、軍事政権の樹立を正当化する狙いもある。軍事政権が発足すれば、ネタニヤフ首相を含むハザールマフィアの犯罪がもみ消され、イスラエル国内では力ずくで法の裁きから逃れられるからだ。

騒動が起きて以降、ネタニヤフは、「ハマスのテロリストが、子どもたちを拘束し、焼き殺し、処刑した。彼らは野蛮人だ。ハマスはＩＳＩＳだ」と主張し、反パレスチナ感情を煽ろうとしている。

つまり、ネタニヤフが指している「イスラム過激派ＩＳＩＳ」は存在しない。

そうした陰謀を知ってか知らずか、イスラエル人はネタニヤフのいうことを、まったく信用していない。

現地の大手新聞『エルサレム・ポスト』によると、大手調査会社ギャラップが2023年9月に実施した世論調査で、イスラエル市民の86％が、「イスラエルとガザで起きている悲劇は政府の責任であり、ネタニヤフは辞任すべき」と回答している。

また、FSB筋によれば、今回の騒動のもうひとつの目的は、「中東の国々が大きな〝対イスラエル戦争〟を起こすことだ」と伝えている。

それにより、イスラエルで暮らすユダヤ人をウクライナに手っ取り早く移住させられるからだ。

同筋によると、ウクライナ戦争が勃発して以降、350万人のウクライナ人が西ヨーロッパに、250万人がロシアに脱出している。

すでに50万人あまりが虐殺によって命を奪われたため、イスラエル人が移住できるスペースが確保されているというわけだ。

しかし、この計画がハザールマフィアの思惑どおりに進む可能性は、きわめて低い。

なぜなら、イスラエルの周辺国は、彼らの自作自演テロに騙されておらず、戦争を起こすつもりもない、そうなると、当然、ユダヤ人をイスラエルからウクライナに移住させる理由もなくなるからだ。

モサドやロシア当局筋などによると、メディアで流れているイスラエル、パレスチナ関連の悲劇的なシーンの映像は、世論を操作するためにCGや役者を駆使したフェイクだという。それを暴露するメイキング映像なども流出している。

歴史を振り返ると、ハザールマフィアは、過去にもプロパガンダを使って世論を操作し、虐殺してきた。今後も周辺国の動きを含め、事態の推移を注視する必要がある。

ウクライナの敗北で人間牧場の解放が近づいている

ハザールマフィアがイスラエルで自作自演テロを起こしたもうひとつの理由は、アメリカの倒産とウクライナ戦争での欧米勢の敗北から世間の目を逸《そ》らすためだ。

ウクライナでは、前線に送られた大部隊が次々とロシアに降伏し、各国からの支援も止まり、ウクライナ陣営は崩壊寸前だ。

しかも、ゼレンスキーは「国家反逆者」としてウクライナ検察に起訴されており、支援の呼びかけを口実に海外を転々としているが、ウクライナに戻れば、逮捕は避けられない。

この戦争は、ウクライナの敗北で決着がついている。

ある情報筋は、「今後、ウクライナ領土の一部（場合によってはすべて）はポーランドやロシアなどに併合される予定だ」と伝えている。

ウクライナ支援を率先して呼びかけてきたアメリカ自体の崩壊も間近に迫っている。

アメリカ政府の資金が完全に底をつき、正式にデフォルト（倒産）が宣言されると、全米各地で大規模な暴動が起きる可能性が高い。

もうひとつ、戦犯裁判が開始されるタイミングでの暴動も考えられる。

現在、ワクチン被害を訴える裁判は世界各地で開かれている。

MI6筋によると、イギリスでは次のステップとして、危険ワクチンの推進に加担した人物に対する戦犯裁判が近く開始される予定だという。

この動きは、アメリカをはじめ、スイスやオランダなどでも進行中であり、日本でも同様の動きが始まっている。

2024年2月2日、京都大学名誉教授の福島雅典《ふくしままさのり》氏が「ワクチンによる致死率」などの情報開示を求めて厚生労働省を提訴したのがその一例だ。

筆者も先日、東京の武蔵野《むさしの》警察署に、新型コロナウイルスの危険ワクチンで何十万人もの日本人が殺されている事実を示す証拠資料を提出した。その内容は、厚生労働省や日本医師会、裏で糸を引くハザールマフィアの犯罪の告発だ。

対応した暴力団犯罪の担当者からは、「資料を吟味し、状況を調査して上司に相談する」との返事をもらっている。

これは、アメリカ軍筋と相談してのことだった。日米安全保障条約では、日本国内の犯罪については地元警察が担当するため、まず最寄りの警察署に行くようにすすめられたからだ。

同筋は、「その後、日本の政財界や官僚組織から警察に不当な圧力がかかる場合は、必要であれば、アメリカ軍事警察も動く用意がある」と話している。

今回のイスラエル、パレスチナ関連の騒動は、ハザールマフィアが追いつめられた末の悪あがきであることは明らかだ。同時に、これは全人類にとって、「人間牧場からの解放が近づいているサイン」である。

イスラエル、パレスチナの映像は世論操作のフェイク

大手マスコミの主な仕事のひとつは、不都合な真実から国民の目を逸らすことだ。今回のイスラエルでの騒動やウクライナ戦争は、その典型的な例といえるだろう。目的は、ウクライナにおける欧米の敗北やアメリカの破綻、西側諸国の国際的孤立といった真実をニュースから消し去ることだ。

しかし、どんなにごまかしても、人々はいつか現実を知ることになる。

実際に、イスラエルに駐留する日本の外交官やイスラエル市民に状況を尋ねてみた。すると、ガザ地区とイスラエルの騒動についての悲惨なニュースの大部分は国外から発信された情報であり、現地では、それほど緊迫した空気は感じられないという。

世界中のメディアで流れているイスラエル、パレスチナ関連の映像は、世論操作のためにCGや役者を駆使してつくられたフェイクがほとんどだ。

さらに、『ニューヨーク・タイムズ』紙が「はりつけにされたイスラエルの幼児」として掲載したといわれる写真がある。しかし、壁にあるコンセントがアメリカで一般的に使

われている形状（細長い穴が二つ、その下に丸い穴が空いている三叉タイプ）であり、イスラエルで使用されるコンセントの形状とは明らかに異なっていた。

また、救助された子犬の写真を加工し、ネタニヤフが「焼き殺された幼児の遺体」としてマスコミに公開したフェイク画像も存在する。

こうした人々の感情を刺激するようなプロパガンダの最終目的は、イスラム諸国とイスラエルの対立を煽り、第三次世界大戦を勃発させることだ。

ハザールマフィアは、第三次世界大戦を起こせば、アメリカの倒産問題や西側欧米の孤立もうやむやになり、すべてがなかったことになると勘違いしている。

これは、試験に落ちそうな子どもが、「学校に放火して試験から逃れよう」と考えるのと同じ発想だ。

イスラエルのネタニヤフ首相が、「いま、起きていることはイスラエルの９１１だ」などとしきりに煽っているのも、９１１のように、自作自演テロを機に戦争を起こそうとしているからだ。

世界の7割以上の国が中国に目を向けている

ハザールマフィアは、昔から過剰にトラウマをかき立て、国や大衆を操ってきた。しかし、いまでは、その手法も限界に達しており、イソップ童話のオオカミ少年と同じように、繰り返し事件を捏造して人々を恐怖に陥れようとする彼らに騙される者は、ほとんどいない。

実際、先に述べたが、大手調査会社ギャラップが2023年9月に実施した世論調査では、アメリカ人の68%が、「大手マスコミの情報を信用していない」と回答した。また、イスラエル人の86%が、「ガザとイスラエルで起きている悲劇は政府の責任であり、ネタニヤフは辞任すべき」と考えていた。

結局、イスラエル周辺の国々も、今回の騒動に挑発されてイスラエルに軍事行動を起こすという事態にはいたっていない。イラン当局筋は、「わが国は、ガザやイスラエルで起きている犯罪が戦犯裁判で裁かれるのを待つつもりだ」と話している。

大手マスコミが報じるべきだった最大のニュースは本来、2023年10月17日に開かれた「『一帯一路』国際協力サミットフォーラム」だった。

西側のマスコミがイスラエル騒動をさかんに報じているあいだに、中国の北京には30の国際機関および世界151カ国の代表が集まっていた。

つまり、世界の75%の国が欧米主導で築かれた国際枠組みから離れ、中国に目を向けているということだ。

その理由は、イデオロギーというより「お金」である。

中国が提唱した一帯一路の構想により、約150兆円がインフラ整備や学校建設などのために発展途上国で使われた。

西側のマスコミでは悪評ばかりが報じられているが、それによって4000万人が貧困から脱し、さらに世界中から1兆ドルの投資を呼び込んで、3000以上のプロジェクトと42万人の雇用を生み出したことは事実だ。

一方、アメリカは、資金が枯渇したために、世界からお金や資源を吸い上げることしか考えていない。

2023年10月20日、アメリカ財務省は、「前年比23・2%（3200億ドル）増の約1兆7000億ドルの赤字で9月の会計年度を終えた」と発表した。アメリカの民間セクターにもお金がないため、この赤字は海外から集めたお金で穴埋めするしかない。

しかし、いまは海外勢がアメリカ国債を投げ売りしている状況だ。そうなると、もう粉飾決算しか倒産をごまかす手立てはない。

ただし、いくらごまかしたところで、永久に現実逃避をし続けることは不可能だ。

FRBの利上げにともない、アメリカの10年国債の利回りが5%を超え、16年ぶりの高水準に達した。海外から資金を得るためとはいえ、この状況は、銀行から低金利でお金を借りられない人が高金利の消費者金融に駆け込むようなものだ。

しかも、いま、その高金利が、アメリカ国内の実体経済を、さらに悪化させている。

たとえば、ロサンゼルスの高級住宅街ビバリーヒルズでは、小売店や銀行などが軒並み閉店している。貧困化した市民たちが連日のように襲撃、集団窃盗をするため、街中が閉店に追い込まれたのだ。

この現象はロサンゼルスだけでなく、全米の多くの都市に広がっている。

国内がそのような状況にあるなかで、アメリカ政界も完全に麻痺している。それを示しているのが次のニュースだ。

米議会下院議長選挙が振り出しに戻った。（中略）

ホワイトハウスは20日、バイデン大統領がウクライナやイスラエル支援を盛り込んだ約1060億ドル規模の予算を議会に要請すると発表。しかし下院は少なくとも来週まで、この要請に応じることはできなくなった。

（『ロイター通信』2023年10月21日）

ハザールマフィアは、アメリカが現状から脱するために、イスラエルで自作自演テロを起こし、世界大戦を勃発させようとしている。

しかし、現在のアメリカには戦艦や戦闘機を動かすための原油も資金もない。そんな状態で戦争すれば、敗北は明白だから、アメリカ軍は絶対に動かない。

アメリカ軍の幹部筋は、「そんなことより、既存政府が倒れ、アメリカ国内に戒厳令が発令されるのを待っている」と話している。近い将来、必ずその日は訪れる。

粉飾決算とテロで生き残りを図る欧米支配階級

欧米の支配階級は、生き残りを図るために、金融経済データを捏造しつつ、必死にイスラエルに世間の目を向けさせている。

しかし、数学的に見て、彼らの目論見《もくろみ》が失敗に終わるのは確実だ。

イスラエル、パレスチナ騒動が、「かなり前から計画されていた自作自演テロ」であることは間違いない。

ロスチャイルド一族の機関誌『エコノミスト』の２０１２年12月22日発売号のカバー画像には、ハマスとネタニヤフがパラグライダーで激しく衝突する様子が描かれている。10年以上前から、この騒動が計画されていたことを示唆している。

実際、２０２３年10月7日、ハマスがパラグライダーを使用してイスラエルの国境を奇襲攻撃で突破したと報じられた。しかも、パラグライダーが実戦で使用されるのは、知られているかぎり、これが世界で初めてだという。

このタイミングでハザールマフィアが自作自演テロを起こした理由のひとつは、ロスチャイルド一族が持っていた「イスラエルの所有権」が2023年10月31日で満期になり、更新されなかったためだ。

イスラエルは現在、新しい所有者により、イギリスのロンドンで「会社」として新たに登録されている。

つまり、「もう自分たちの所有物ではなくなったから、すべて破壊し、本拠地をイスラエルの国民ごとウクライナに移してしまおう」としたわけだ。

2023年9月30日以降、エジプトのアッバス・カメル情報相が、ネタニヤフにみずから電話し、「ガザ地区で何か大きなことが計画されている」と再三警告していたと、エジプト当局がAP通信に明かしている。

CIAも、同年10月5日、同じ警告をイスラエルに発している。

しかし、ネタニヤフは、なんの行動も起こさなかった。その「何か大きなこと」を自分たちが計画していたから当然だろう。

情報筋によると、騒動の始まりは、イスラエル側が自国民とアラブ人の双方を殺し始めたことだった。それをパレスチナのせいにして、ネタニヤフが大規模攻撃を開始し、恐怖や憎しみを煽るデマ情報（プロパガンダ）を、世界に向けて大量に流し始めたという。

彼らの最終的な目的は、「アメリカとイスラエルの倒産問題から逃れるために、第三次世界大戦を勃発させることだった」と多くの筋が伝えている。

しかし、世界の多くの国々が、その目論見に気づいている。そのため、イスラエル周辺の国々も挑発されてイスラエルに軍事行動を起こすことはなく、対応は経済制裁にとどめている。

並行して、イスラエルとアメリカの指導者らに対する戦犯裁判を冷静に呼びかけている。周囲の国々は、第三次世界大戦を始める気など、さらさらないのだ。

逆に、イスラエルとガザ地区の地下トンネルで、イギリス、アメリカ、カナダの特殊部隊がハザールマフィア狩りに動いた。このままいけば、ネタニヤフの命も、そう長くはないだろう。

多国籍企業の9割が異なる持ち主の手に渡る可能性

イスラエルでの騒動が第三次世界大戦へと発展しないため、ハザールマフィアは粉飾決算を行い、体制を維持しようとしている。

２０２３年11月3日には、多くのアメリカの銀行で入金遅れが生じた。ＦＲＢは「自動手形交換所（ＡＣＨ）のシステムに処理上のミスが発生したため」と発表したが、おそらく一時的に一般市民の資金を拝借するための言い訳だろう。

このトラブルは、ＦＲＢの株主（＝ハザールマフィア）が所有する大手銀行（バンク・オブ・アメリカ、チェース、トラスト、ウェルズ・ファーゴ、ＵＳバンクなど）を中心に発生した。

同じころ、ＦＲＢは「季節調整」という魔法を使い、銀行預金のデータを「３３０億ドルの流出」から「５１０億ドルの流入」に書き換えた。

この「季節調整」という名のデータ改竄により、２０２３年4月以降の預金総額は、同年11月時点で１６８０億ドルに達した。

この粉飾決算で生み出された預金額には１０００倍のレバレッジがかけられ、京《けい》ドル単位の巨額の金融派生商品が登場した。アメリカの金融システムは完全に壊れている。

アメリカが倒産すれば、ロスチャイルドやロックフェラーが管理する国連や世界銀行、ＩＭＦ、ＢＩＳ、ＷＨＯなども次々に倒産していく。また、場合によっては、世界の多国籍企業の9割が異なる持ち主の手に渡るだろう。

この状況を見ていると、アメリカの小説家アーネスト・ヘミングウェイの『日はまた昇る（The Sun Also Rises）』の一節を思い出す。あるシーンで、登場人物のひとりが「どのように破産したのか」と問われると、こう答える。

「徐々に、そして突然に（gradually, then suddenly）」

アメリカも同じだ。いまは倒産劇が少しずつ進行しているように見えるが、そのうちに突然、重大な事態に急展開する日が必ず来るだろう。

もちろん、ハザールマフィアは、今後もさまざまな手段を使って時間稼ぎをするだろうが、その限界は確実に訪れる。

アメリカ政府の債務上限問題がどうなるか、引き続き注視する必要がある。

また、ハザールマフィアの幹部と思われるスイスのベルセ大統領が、2023年6月に突然、「今年末に退任する」と発表し、実際に辞任した。

モサド筋によると、それにより、スイス政府が付与したWEFやWHOなどの外交特権を剝奪されるという。同筋は、「そうなれば、危険ワクチンの推進に加担した人物らが戦犯裁判に引きずり出されるのは時間の問題だろう」と話している。

ただし、ハザールマフィアには、「追いつめられると、とんでもない事件を捏造する」という悪い癖があるため、アメリカの倒産が表沙汰になり、戦犯裁判が現実に始まるまで、十分に注意が必要だ。

アメリカ主導の「ルールにもとづく世界秩序」の終焉

アメリカに巣食う欧米特権階級の「（自分たちの）ルールにもとづく世界秩序（Rules Based World Order）」が完全に崩壊している。

これは、彼らが世界の覇権争いで完敗したことを意味し、それを示す国際社会の変化も日ごとに増えている。

まず、国際社会の変化として最も大きいのは、「アメリカ勢の自作自演テロに、世界の国々が騙されなくなった」ということだ。

たとえば、2001年に起きた911自作自演テロの直後には、国連安保理のすべての常任理事国が、「アメリカのアフガニスタン侵略」を容認していた。

しかし、当初は「イスラエルの911」ともいわれた今回のイスラエル・ガザ地区での自作自演騒動では、イスラエルによるガザ侵略を支持している常任理事国は、アメリカだけだ。

2023年12月12日、国連総会で「ガザでの即時停戦を求める決議案」の採決があった。ここでも、アメリカの立場を支持したのは国連加盟193カ国中9カ国（チェコ、オーストリア、グアテマラ、イスラエル、リベリア、ミクロネシア、ナウル、パプアニューギニア、パラグアイ）だけだった。

つまり、これまで足並みをそろえてきたほかのG7国家でさえ、アメリカのスタンスに従わなくなっているのだ。

さらに、アメリカの国力の衰退を示す別のサインとして、同時期にイランのIRGCがアメリカ海軍に対してペルシャ湾からの強制退去を通告したことが挙げられる。

その後、ペルシャ湾内に進入しようとしたアメリカの空母艦隊に対してイラン軍が警告を発すると、アメリカの艦隊は尻尾を巻いて退散した。

その際のやりとりは、イラン軍によって公開された動画で確認できる。

実際、アメリカの空母艦隊は、すでに時代遅れであり、実際の戦闘では役に立たない。実戦になれば、ミサイル1発で、すぐさま撃沈されるだろう。

アメリカ海軍も、それを理解しているため、イランからの警告を受け、すぐに引き返したのだ。

当然、中国がイランと同じ態度を取れば、アメリカ海軍は南シナ海からも締め出される。

ちなみに、現在、紅海でもイエメンの親イラン武装組織がアメリカとイスラエルを標的にした商船攻撃を活発化させている。

そのため、多くの海運会社が、スエズ運河を避け、南アフリカ経由でアジアへのコンテナを輸送する状況になっている。

さらに、この動きと連動し、「現在、ロシアがシリアで大部隊を編成し、イスラエルへの侵攻の準備を進めている」とFSB筋は伝えている。

同筋によると、ロシアはウクライナ問題とイスラエル問題が密接につながっていることをよく理解しており、「ウクライナ戦争を終結させるためには、イスラエルを攻撃する必要がある」と考えているようだ。

これについては、NATO同盟国であるトルコや、ほかの中東諸国もロシアの動きを容認している。

そのサインのひとつが、2023年12月6日に報じられたトルコのレジェップ・タイイップ・エルドアン大統領の発言だ。

"Israeli Prime Minister〔Benjamin〕Netanyahu is on the brink of collapse or bankruptcy right now. And he may make such an announcement at any moment,"

訳＝「現在、イスラエルの（ベンヤミン）ネタニヤフ首相は崩壊もしくは破産の瀬戸際に直面している。そして、いつ何時、そのような発表があってもおかしくはない」

（『タス通信』2023年12月6日）

さらに、同じころ、ロシアのプーチン大統領は、WEFのシュワブ会長（＝ロスチャイルド）を「合法的な軍事標的」と明言した。つまり、「ロシア軍はハザールマフィア幹部への攻撃も辞さない」といっているのだ。

これについて、FSB筋は、「当然、ハザールマフィアのアメリカ勢（たとえばビル・ゲイツやロックフェラー一派など）も軍事標的に含まれる」と話している。

アメリカ社会の秩序崩壊を加速させる生活水準の低下

アメリカの衰退を最もよく表しているのが、国内の社会秩序の崩壊だ。

この点を理解するために、アメリカの過去と現在を比較するわかりやすい例を、ひとつ紹介したい。

1990年にヒットした映画『ホーム・アローン』の冒頭で、家族旅行の出発のどさくさで家に取り残された8歳の主人公ケビン・マカリスターが、スーパーマーケットにひとりで買い物に出かけるシーンがある。

このとき、ケビンは牛乳4リットル、オレンジジュース、パン、冷凍の七面鳥ディナー、トイレットペーパー、液体の洗濯洗剤、ラップ、マカロニ&チーズなど、カゴいっぱいの商品を購入した。それで合計19・83ドルを支払っている。

2023年当時、同じ買い物をすると、72・28ドルを支払わなければならない。つまり、1990年以降、アメリカでは食料や日用品の価格が264%以上も上昇していることになる。

さらに、驚くべきことに、2022年と比べると、たった1年で62・8%も急上昇しているのだ。

当時より名目収入が増加しているとはいえ、この例で考えると、1990年以降、アメリカ人の購買力は42%も低下していることになる。

こうした生活水準の低下が、アメリカ社会の秩序崩壊を加速させる大きな要因となっている。

2023年10月下旬に発表されたアメリカ農務省のレポートによると、2022年の時点で、すでに4400万人ものアメリカ人が食料不安に陥っていると報告されている。

これにより、貧困に陥った多くの一般市民が万引きや強盗などの犯罪に走るようになり、この負の連鎖がアメリカ社会の治安を急激に悪化させているのだ。

こうした事態を受け、アメリカでは、いずれ「大規模停電」および「戒厳令の発令」があるのではないかとの憶測が飛び交っている。

なぜなら、最近、アメリカの反体制グループ「Q」が活発になり、彼らは自分たちのウェブサイトで次々となんらかの予告を発表し、それに向けた日時をカウントダウン形式で表示しているからだ。

彼らは、そのサイトで、2023年12月16日12時05分（日本時間）に停電が起きると予告していた。偶然か否か、その日時にブルックリンの変電所で爆発が起き、ニューヨーク市の広範囲で停電が発生したのだ。

いずれにせよ、現時点で、すでにハザールマフィアの「ルールにもとづく世界秩序

(Rules Based World Order)」が崩壊しているのは明らかだ。世界人類が彼らの支配から解放されるのは時間の問題である。

それにともない、日本でも「既存体制の崩壊」は必ず起きる。永田町にくわしい日本の情報筋は、「これから日本の政治は、世襲議員中心の体制から、再び官僚中心の体制へと移行し、160年ぶりに真の独立を取り戻すだろう」と話している。

新しい時代の幕開けが近づいている。

祖父の代から熱心なシオニストだったネタニヤフ家

欧米権力の最後のよりどころともいうべき、イスラエルとウクライナの陥落が近づいている。

それにともない、ハザールマフィアは、パプアニューギニアの金鉱山利権を獲得するため、内戦を引き起こそうと躍起だ。

ガザでの大虐殺が始まってから、イスラエルの経済は低迷が加速している。そのうえ、「ネタニヤフ首相は悪魔崇拝者である」という情報がイスラエル国内で広まり始めている。

ベンヤミン・ネタニヤフの父親であるベン＝シオン・ネタニヤフは、旧ロシア帝国ポーランド領ワルシャワ生まれで、本名（ロシア姓）をミレイコフスキー（Mileikovsky）という。一家は祖父の代から熱心なシオニストで、1920年にパレスチナに移住し、エルサレムに入植した。

モサド筋によると、「mileik」は「molech＝satan（モレク＝サタン）」を指し、Mileikovskyという名前は「悪魔の息子」を意味するそうだ。

アルゼンチンの大統領ハビエル・ミレイ（Javier Milei）の名前も同じ語源だ。

いずれにせよ、彼らが悪魔を崇拝していることは、発言や行動から明らかであり、二人とも欧米の改革派の標的になっている。

また、同じく悪魔崇拝者が巣食うウクライナも、近いうちに降伏に追い込まれるのは必至だ。次のニュースは、そのサインのひとつだ。

ウクライナ軍は17日、東部の要衝アウディイウカから部隊を撤退させたと発表した。ロシア占領下のドネツクの玄関口に位置するアウディイウカで、ウクライナ軍はこの数カ月間、ロシアの猛攻に必死に抵抗していた。

アウディイウカ占領は、ロシアにとって戦略的かつ象徴的な勝利だ。州都ドネツクの守備を強化するとともに、ウクライナが維持する地域へのさらなる侵攻の道を切り開くことにもなりうる。

（『BBC』2024年2月22日）

アウディイウカという場所は、9年かけて建設された大規模な要塞都市であり、ウクライナにとって、とても重要な砦《とりで》だった。そこが陥落したことは、ウクライナにとって致命的な打撃だ。

いま、ロシアがウクライナに対して全面的な攻勢をかけているのは、「アメリカ軍との軍事同盟」があるからだ。

FSB筋によると、アメリカ軍から「アメリカは介入しない」という確約を得ているという。

そのため、ロシアはウクライナ国内のすべてのナチス（＝ゼレンスキー勢力）を抹殺するつもりだと、同筋は伝えている。

さらに、ウクライナも、イスラエルと同様にアメリカからの支援金を得られず、経済的にも困窮している。

加えて、西ヨーロッパでは農家による抗議デモが激化し、ヨーロッパ向けのウクライナ産農作物の輸出が止まっている状況だ。

これまで、ハザールマフィアは、ウクライナとイスラエルを経由してマネーロンダリングを行い、日欧米の政界に賄賂をばらまいてきた。その拠点が崩壊すれば、彼らは日欧米の政界を支配できなくなる。

インドネシアの超大型金鉱山の利権をめぐる企み

ＣＩＡ筋によれば、ハザールマフィアは、インドネシアで、とんでもない陰謀を企んでいた。

同筋によると、彼らは新たに発見されたスディルマン山脈の超大型金鉱山の利権を狙って、プラボウォ・スビアント国防相を大統領選で勝たせるためのキャンペーンを全力で行っていた。

それが、次のニュース記事だ。

有権者約2億５００万人の約半数が40歳未満。若年層をいかに引き寄せるかが選挙の帰趨（きすう）を決めた。勝利を確実にしたプラボウォ国防相は、民主活動家の拉致に関与した疑惑がある強権イメージを封印。交流サイト（ＳＮＳ）で「ネコ好きの好々爺《こうこうや》」というイメージを前面に打ち出し、若い世代に浸透した。

（『産経《さんけい》新聞』２０２４年２月23日）

プラボウォが当選した直後、次のニュースが報じられている。

経済協力開発機構（ＯＥＣＤ）は20日、インドネシアと加盟に向けた協議を始めると発表した。ＯＥＣＤ加盟国は米欧の国々が多く、実現すれば東南アジアからは初の加盟となる。

（『日本経済新聞』２０２４年２月21日）

ＯＥＣＤは西側欧米諸国の発展と救済を目的に設立された機関だ。当然、主導権は彼らが握っている。

つまり、ハザールマフィアは、プラボウォを味方につけ、インドネシアのゴールドを利用して延命を図ろうとしているのだ。

しかし、ネックになるのが、その地域はインドネシア政府からの独立を主張しており、以前から激しい独立紛争が続いていることだ。

プラボウォは、この問題を解決するために、「地域住民に対する大虐殺」を企んでいると、インドネシア政府筋は伝えている。

しかし、ハザールマフィアがインドネシアのゴールドに手をつける前に権力の座から追われる可能性が高い。

さらに、アジアの結社筋の話では今後、中国でも大きな動きが予想されている。彼らによると、近い将来、「台湾と中国の平和的融合」が実現する見込みだ。

2024年2月12日にアンジェラ・チャオという女性が怪死した事件は、その前兆のひとつだという。

チャオは、海運会社フォアモスト・グループのCEOであり、中国四大商業銀行とされる中国銀行の取締役なども務めていた。

とくに注目すべきは、彼女が姉とともに中国に関するロックフェラーのハイレベルな協力者だったことだ。

その姉とは、ジョージ・ハーバート・ウォーカー・ブッシュ（ブッシュ・シニア）大統領時代以降、共和党政権の重要ポストを歴任しているイレーン・チャオだ。そして、イレーンの夫はアメリカ共和党の上院院内総務を務めるミッチ・マコーネル議員である。

アンジェラの死について、一般のニュースでは、池に車ごと落ちて死亡したと報じられている。詳細は不明だが、彼女の急死により、今後、アメリカの「台湾、中国」に関する動きに変化が生じることは避けられない。

イランが「イスラエルへの断固たる措置」を呼びかける

中東でも、依然として激しい動きが観測されている。

イラン南東部ケルマンにある（引用者注＝カセム・）ソレイマニ革命防衛隊司令官の墓近くで3日に起きた爆発について、（中略）

イラン政府は、爆発を「テロ行為」（〔引用者注＝イブラヒム・〕ライシ大統領）と断定し、断固処罰する方針を表明。これまでに爆発で84人が死亡し、284人が負傷したと発表した。

（『時事通信』2024年1月5日）

イラン当局筋によると、この爆破テロは、サバタイ・ツヴィの生誕400年記念の日に発生した。

ツヴィは現代のハザールマフィアにつながる人物であり、イラン当局は、「この爆破テロで、ハザールマフィアが第三次世界大戦を誘発しようとしているのは間違いない」と話している。

しかし、イラン軍は挑発に乗って戦争を始めるつもりはない。それより、ハザールマフィアの戦犯裁判の開始を待つつもりだ。

これに関連して、モサド筋によると、「ハザールマフィアの実行部隊であるネタニヤフが失脚するのは時間の問題だ」という。実際、イスラエル国内でのネタニヤフの支持率は15%にとどまっている。

ロスチャイルドやロックフェラーに私物化されてきた国々が、変革の時期を迎えている。

イスラエルとウクライナは崩壊の危機に瀕し、日本は解放され、アメリカは崩壊を経て、建国当初の共和国に戻ろうとしている。

こうした状況のなかで、世界中で何かとんでもないことが起こる。そんな予兆が増えてきた。

イスラエルは国際的に孤立し、ネタニヤフも国内で完全に追いつめられている。

2024年4月には、怒り狂ったデモ隊が国会議事堂やネタニヤフの私邸に、警備の壁を突破して乱入した。彼がイスラエル市民によって電柱に吊るされる姿が現実味を帯びてきた。

そんななか、ネタニヤフは4月1日に、「ヘルニアの手術のため、緊急入院していた」と報じられた。

同日、ネタニヤフや彼をとりまく狂信的思想を持った連中が、法の裁きを逃れるため、シリアにあるイラン大使館を空爆した。

これにより、国際法上、イランはイスラエルに対して反撃する権利を持つことになる。

ネタニヤフらは、この挑発行為で戦争を引き起こし、アメリカも巻き込んで、「世紀末戦争（ハルマゲドン）」を起こそうという魂胆だ。

そうすれば、彼らはすべての問題から逃れられると本気で信じている。

しかし、アメリカのバイデン政権は、国内外の圧倒的に強い反イスラエル世論に屈し、イスラエルを守るために、国連で拒否権を行使することを断念した。

もしイランとイスラエルが戦争を始めたとしても、アメリカは既存のイスラエル政府を守るために戦うことはないということだ。

その場合、イスラエルが自力でイランに勝つのは不可能だ。

2024年4月2日、イランのザフラ・エルシャディ国連副大使が、国連安全保障理事会に対し、「イスラエルへの断固たる措置」を呼びかけた。

その結果、アメリカ、ロシア、中国、トルコなどが、イランとともに、「対イスラエル行動」をいっせいに起こすことも十分に考えられる。

4月3日、イランの英字新聞には、「STORM IS COMING – We will pray in Quds soon（嵐が来る－近い将来、われわれはエルサレムで祈りを捧《ささ》げる）」という大見出しが一面に掲載された。これは、イスラエルへの一斉攻撃のサインかもしれない。

同時に、2017年にトランプが記者団に対して、「calm before the storm（嵐の前の静けさ）」と意味深な発言をしたことを思い起こさせる。

ＦＳＢ筋は、「ウクライナ、イスラエル、アメリカは、すべてロスチャイルドやロックフェラーに支配されている。これらの一族の支配を終わらせることで、世界で起きている国際テロはなくなる」と話す。

また、２０２４年４月４日には、ロシア軍参謀総長ワレリー・ゲラシモフ上級大将も、次のように発言した。

International terrorism supported by shadowy sponsors remains a global threat to the world,

訳＝闇のスポンサーに支援された国際テロは、依然として全世界に対する脅威である。

（『タス通信』２０２４年４月４日）

ＦＳＢ筋やＭＩ６筋の情報によると、ゲラシモフ参謀総長がいう「闇のスポンサー」とは、ロスチャイルドやロックフェラーを指しているという。

現在、ロスチャイルド家のトップは、パリ家当主のダヴィド・ルネ・ジェームス・ド・ロチルドだ。

FSBもMI6も、彼と直接連絡を取ろうとしているようだが、最近はまったく返事がないという。

おそらく、彼はスイスにある一族の地下施設に身を潜めているか、もしくはすでに粛清されたかのどちらかだろう。

イスラエルとガザの騒動はネタニヤフ政権の自作自演

2024年5月2日、トルコの貿易省がSNSで、「イスラエルとの貿易をすべて停止する」と発表した。これにより、イスラエルの総原油輸入量の40%が止まった。

さらに、イエメンの親イラン武装組織フーシ派が、「イスラエルに関係するあらゆる企業の船舶（物資の供給や輸出入）を、その目的地に関係なく標的にする」との声明を出した。

フーシ派は地中海までミサイルを飛ばせる軍事装備を保有しているため、事実上、イスラエル周辺は完全に封鎖された状態だ。

イスラエルをめぐる異変のサインとして、「2018年にネタニヤフ首相がカタールに書簡を送り、定期的にハマスに資金提供を行うよう要請していた」とイスラエル国内メディアが報じている。

これにより、取るに足らないテロ組織だったハマスが武器や大部隊を手に入れ、地下トンネル網を築き、戦闘準備を整えることができたわけだ。

この事実から、イスラエルとガザの騒動がネタニヤフ政権の自作自演だったことは明白だ。ネタニヤフと政権閣僚の多くが戦犯裁判に引きずり出されるのは時間の問題である。イスラエルと同じく、ハザールマフィアが巣食う犯罪国家ウクライナのゼレンスキー大統領も戦犯として裁かれるのは必至だ。

2024年5月4日、ロシアの『タス通信』が、「ロシアはウクライナのゼレンスキー大統領について刑事事件として立件し、指名手配した」と報じた。それを受け、アメリカ軍がゼレンスキーをグアンタナモ基地に連行したという情報も寄せられている。

ポーランド当局筋によると、ゼレンスキーの逮捕が早急に行われた理由のひとつは、ウクライナ軍が裏で完全降伏しているからだという。

そのためか、2024年5月9日には、ロシア内務省の指名手配リストからゼレンスキーの名前が削除された。

ゼレンスキー大統領の任期は2024年5月20日で終了した。それにともなう大統領選も予定されていない。いずれにせよ、今後、ゼレンスキーが大統領に再選されることはないだろう。

ネタニヤフ逮捕後に大変化する世界の権力構造

世界の権力紛争が最終局面に差しかかっている。最近、その証拠となるような事象が、各地で見られるようになってきた。

とくに次のニュースは、注視すべき出来事のひとつだ。

> パレスチナ自治区ガザでの戦闘をめぐり、国際刑事裁判所（ICC、オランダ・ハーグ）が20日、イスラエルのネタニヤフ首相と（引用者注＝ガラウ・）ガラント国防相、イスラム組織ハマスの幹部3人に戦争犯罪などの容疑で逮捕状を請求した。
>
> （『朝日新聞』2024年5月21日）

国際刑事裁判所（ＩＣＣ）には現在、１２４の国や地域が加盟しており、その決定は世界に対して多大な影響力を持つ。

たとえば、ＥＵのジョセップ・ボレル外相は、ＳＮＳで、「ＩＣＣ規程のすべての締約国は裁判所の決定を執行する義務がある」とコメントし、ネタニヤフの逮捕を各国に呼びかけた。

日本もＩＣＣ加盟国だ。一方、アメリカはＩＣＣに加盟していないが、ペンタゴン筋によると、アメリカ軍はネタニヤフを逮捕するために部隊を、すでに派遣しているという。

アメリカのマクレガー退役大佐は、「イスラエルのネタニヤフ首相がアメリカの本当の大統領だ」と言い切るほどだ。

ネタニヤフが逮捕されれば、欧米の権力構造は間違いなく大変化する。

さらに、ネタニヤフ政権のみならず、イスラエルという国家自体が消滅する可能性が高まっている。

先に述べたが、２０２４年5月はじめ、トルコの貿易省が、「イスラエルとの貿易をすべて停止する」と発表した。

同じころ、イエメンの親イラン武装組織フーシ派が、「紅海、アラビア海、地中海でイスラエルおよびアメリカのいずれかに関係する船3隻を撃沈した」と声明を発表した。

いまのイスラエルは、陸と海の両方から物資の供給がほとんど絶たれた状態だ。

イスラエルと平和条約を結んでいるエジプトも、「1973年の対イスラエル戦争でエジプトが勝利した証拠」をネット上に次々と公開し、ガザ地区での虐殺をやめなければ、「戦争も辞さない」と暗示するような発言が増えている。

軍事専門家によると、トルコとエジプトが同時に侵攻を始めれば、イスラエルは完敗し、まったく勝ち目はないという。

イスラエル国家が消滅すれば、その土地は解放され、現在のパレスチナの人々に返還されることになるだろうと、ペンタゴン筋などは話している。

実際、2024年5月10日の国連総会では、国連加盟193カ国のうち143カ国がパレスチナの国連正式加盟に賛成し、反対したのはアメリカやイスラエルを含む10カ国だけだった。

国連への正式加盟は国家にしか認められていないため、世界の大半の国が、すでにパレスチナを国家として承認していることを示している。

イラン、サウジアラビアでも権力交代が起こっている

イスラエル以外でも異変が生じている。

2024年5月19日、イラン北西部の東アゼルバイジャン州でヘリコプターが墜落し、ライシ大統領やアミール・アブドラヒアン外相らが死亡した。しかも、その直後、イランの情報当局と警察当局の長官も暗殺された。

情報を総合すると、イラン国内では激しい権力紛争が起きていた模様だ。ライシが死亡したことにより、「新大統領にはイランの最高指導者ハメネイ師の次男モジュタバ・ハメネイが就任するのではないか」という噂が出ていた。

一方、別の筋からは、「パーレビ朝イランの最後の皇帝モハンマド・レザー・パーレビ国王（在位1941年9月26日～1979年2月11日）の長男クロシュ・レザー・パーレビ元皇太子が新たに権力を握るだろう」という話もあった。

結局、2024年7月の大統領選挙で改革派のマスード・ペゼシュキアン元保健・医療教育相が大統領となった。彼は米欧融和を主張し、イスラエルとは戦争しない姿勢を示し

ている。

サウジアラビアでも激しい権力紛争が勃発している。

同国の事実上の最高権力者であるムハンマド・ビン・サルマン皇太子が2024年5月、急遽《きゅうきょ》、来日を取りやめたのもそのためだ。

フランスとイギリスの当局筋によると、最近だけでも、サウジアラビアでは10人の王子が殺されているという。

詳細は明らかになっていないが、その情報筋によると、西側の欧米勢がサウジアラビアの支配を狙って裏工作をしているようだ。

近い将来、サウジアラビアでも権力交代が発表される可能性は高い。

さらに、欧米の既存体制の「崩壊ドミノ」も再燃している。

WEFのシュワブ会長が「すでに粛清された」という情報を裏づけるようなニュースが続々と報じられている。

2024年4月28～29日にサウジアラビアの首都リヤドで開催されたWEFの特別会合に、それまで必ず出席していたシュワブが最後まで姿を現さなかった。

しかも、同月21日にはWEFが「シュワブが会長職を退任する」と発表していたのだ。

同月22日、イギリスのスナク首相が、「議会下院を解散し、7月4日に総選挙する」と発表した。

5月中に行われた世論調査によると、スナクが率いる保守党の支持率は18％だった。そのまま7月に総選挙に突入し、支持率48％の最大野党である労働党に政権を奪われ、スナクは権力の座から追われた。

MI6筋は「7月の総選挙で新政権が誕生すれば、イギリスの対ウクライナ政策などは180度変わる」と話していた。

そして、スターマーが新首相になったわけだが、MI6筋によると、彼はかつて、「子どもを生贄にする儀式」に参加していたという。それをネタにハザールマフィアから脅されており、対ウクライナ政策は変わらなかった。

いずれにせよ、ロシアと欧米によるウクライナなどでの代理戦争がようやく終わる。その後はヨーロッパに続いて、アメリカやカナダでも同じく権力交代劇が起きるだろう。ちなみに、日本にも大きな変化が起きる機運は高まっている。

イスラエルのネタニヤフ首相は、311の黒幕のひとりであり、ハザールマフィアの中枢にいる人物だ。彼の逮捕が日本の解放につながるのは間違いない。

ある情報筋からは、「第二次世界大戦後に日本が押しつけられたサンフランシスコ平和条約は、近い将来、無効になる」という話もある。

そうなれば、戦後長く続くアメリカによる日本支配も終わりを迎える。

アメリカによる日本の「半植民地支配」が終わりを迎える

アメリカによる日本の半植民地支配が終わりに近づいている。

その兆しのひとつが、欧米の軍や当局の改革派がジャパンハンドラーのラーム・エマニュエル駐日米国大使を逮捕しようと、水面下で懸賞金をかけたことだ。

エマニュエルはアメリカの日本占領部隊の最高責任者であり、現在、「50万人の日本人をワクチンで死亡させた罪」で欧米の改革派から戦犯として指名手配されている。ある情報筋によると、「近々、退任する」という話も出ている。

彼は責任を免れようとしてＭＩ６に連絡を取り、「責任者は自分ではなくオバマだ」と訴えている。

しかし、彼が辞任を表明しないかぎり、改革派が懸賞金を取り下げることはないだろう。

さらに、改革派は日本の総理大臣をたくさん殺してきたリチャード・アーミテージ元国務副長官、そして彼の命令に従ってきた日本の政治家たちの逮捕にも懸賞金をかけている。その標的リストは、すでに日本の右翼や任俠《にんきょう》団体、アジアの結社、ロシア当局などに配られている。

2024年5月31日、厚生労働省の正面にある日比谷《ひびや》公園で「反ワクチン、反WHO（反パンデミック条約）」の大規模な集会およびデモ行進が行われた。すでに多くの日本人が政府やWHOによる大量虐殺行為に気づいているのだ。

日本の警察当局は、政府のワクチンによる虐殺行為について、くわしい情報を持っているにもかかわらず、なんの行動も起こしていない。

そうなると、アメリカの軍事警察が日米安保条約の規定にもとづいて、日本の政府機関の殺人行為を取り締まることができる。

ただし、アメリカ軍は日米同盟の維持を望んでいるため、表立った行動は避け、水面下で日本政府内の戦犯を裁く手段として、「懸賞金をかけることを選んだ」とペンタゴン筋は話す。

こうした動きは、日本だけにかぎったものではない。

欧米諸国でも同様に、多くの政財界の権力者が指名手配されている。

その影響で、2024年5月24日までにWHOの「パンデミック条約」は合意にいたらず、欧米の旧体制勢が目論む世界独裁政府の構想は失敗に終わった。

ペンタゴン筋によれば、WHOを支配しているシュワブやビル・ゲイツも指名手配されているという。多くの国の政府がWHOの本性に気づき、彼らに独裁的な権限を委ねることを断固拒否したのだ。

一般報道で確認できる権力者の指名手配に関しては、ICCが2024年5月20日、イスラエルのネタニヤフ首相や政権閣僚、紛争の自作自演の共犯者であるハマス上層部に逮捕状を請求したことだろう。

このICCの決定を受け、彼らにも、すでに懸賞金がかけられている。

その4日後の5月24日には、ICJがガザ南部のラファへの攻撃の中止命令をイスラエルに下した。

これらの国際裁判所の決定をエジプトやトルコなど、イスラエル周辺国も積極的に支持している。

もしトルコとエジプトの軍部が共同でネタニヤフや閣僚の逮捕に動いた場合、イスラエル軍は、それを止めることはできない。

現在、イスラエル政府はエジプトとの平和条約で緩衝地帯とされているガザ地区とエジプトのあいだの境界地帯（フィラデルフィア回廊）に軍を突入させ、2024年5月29日には、その一帯を「掌握した」と発表した。

当然のことながら、エジプト政府はイスラエルの行動を「敵対行為」と見なしている。

この状況について、イスラエルのイツハク・バリク退役将軍は、「エジプト軍との和平を破れば、イスラエルは神に祈る以外になす術《すべ》はない」と断言している。

エジプト軍は、約4000両の戦車、強力な艦船や戦闘機を持つ、中東で最も強力な軍隊のひとつだ。

このままでは、イスラエルは消滅する可能性が高い。イスラエルはアメリカ政府の事実上の司令部であり、イスラエルが陥落すれば、アメリカも陥落する。

メキシコのインフレはアメリカの経済難が原因

現在、アメリカ政界は、すでに「茶番劇」と化している。

たとえば、トランプが元不倫相手への「口止め料」裁判で有罪評決を受けた。

しかし、この裁判のでたらめぶりは、ひどいものだった。

結局、トランプは、「有罪＝犯罪者」と認定されたにもかかわらず、そのまま次期大統領候補として選挙戦を続けている。

この裁判劇に登場したトランプは偽者だったと、アメリカ軍筋は話している。

同筋によると、本物のトランプは、この茶番劇を黙認しているという。その理由は、まだ多くの人々が洗脳されているなかで、「既存政府による露骨なウソや悪事」を見せ、目を覚まさせるためだという。

実際、有罪評決が出たあと、24時間以内に5280万ドル（当時約81億8000万円）の寄付金がトランプ陣営に集まった。

アメリカの堕落ぶりを象徴するニュースは、まだある。

最近、メキシコ政府が、「2024年に入ってから、24万人のアメリカ人経済難民を強制送還した」と発表した。

メキシコ政府筋によると、アメリカ国内での生活が経済的に困難になったアメリカ人が、ビザなしで物価の安いメキシコに長期滞在し、米ドルでものを買いあさっているという。

その影響で、メキシコではインフレが発生。現地市民から不満や苦情が噴出したため、メキシコ政府が「アメリカ人の大量強制送還」の措置に踏み切ったという。

こうした状況を受け、水面下では、アメリカ軍やイギリス連邦（コモンウェルス）の改革派が、アジアの結社やロシア政府などと交渉を進めている。

彼らは、アメリカの既存体制が崩壊したあとに、「世界連邦体制（ゆるやかに連帯する多極的な世界）」をともに構築しようと提案している。その新体制のなかで、アメリカ軍は国際法のもとで、地球全体を防衛する任務を担いたいと考えているようだ。

2024年5月31日、IISS（イギリス国際戦略研究所）アジア安全保障会議（シャングリラ会合）の開催に合わせ、アメリカと中国の軍のトップ会談がシンガポールで行われた。同時に、欧米の旧体制勢も対策を練るため、同年5月30日〜6月2日にスペインのマドリードでビルダーバーグ会議を開催した。

ロシアのプーチン大統領によると、ロシアの経済学者の試算では、アメリカは世界に対して約54兆ドルもの負債（借金）を抱えているそうだ。

そのため、BRICS同盟は早々に欧米主導の決済システムからの脱却を図り、世界の政治、経済、金融システムを再構築しようと、「米ドルに代わる新たな国際通貨」の発行を目指している。

プーチンと習近平は、アメリカ人以外の世界各国が保有する約54兆ドルをベースにしたBRICS通貨の発行を、BRICS首脳会議で毎回テーマに挙げている。

実際、国際社会に流通している米ドルは、何年も前から「アメリカFRBが新たに発行するドル」とは別ものとして管理されているため、技術的には簡単に実現できるはずだ。

2024年7月3〜4日、カザフスタンの首都アスタナで、上海協力機構の首脳会議が開かれた。そこでもロシアは、「2024年10月22日に予定されているBRICS首脳会談までにBRICS通貨の発行を発表しよう」と積極的に呼びかけた。

ロシア当局者によると、すでに159カ国がアメリカのSWIFT（Society for Worldwide Interbank Financial Telecommunication SC）システムから、「BRICSブリッジ」と呼ばれる新しい国際決済システム（通貨体制）への切り替えを希望しているという。

アメリカ軍も、こうした状況をよく理解しており、BRICSが目指す「多極世界秩序の確立」に積極的に賛同しているのだ。

いまの世界の動きを見ていると、新しい世界体制が発表される日も、そう遠くはないはずだ。

第5章
世界経済の「リセットボタン」が押される日

2023年6月16日、中国の習近平国家主席と会談するビル・ゲイツ。
「新型コロナワクチンによる殺人」の当事者として、インドの裁判所から
追われている最中の出来事だった（撮影：新華社通信、提供：共同通信社）

債務上限問題に直面したアメリカの裏工作

2023年6月ごろ、ハザールマフィアのアメリカ勢であるワシントンD.C.は、2025年1月までの延命資金を手に入れた。

表向きには、「債務上限問題でバイデン政権と共和党が合意に達した」と報じられた。その裏では、とんでもない裏切りや犯罪、裏工作による延命のための金塊の獲得があった。アジア王族の連合体であるドラゴンファミリーの情報筋によると、台湾在住の中国王族の関係者が、ハザールマフィアに騙され、アジア王族が保有する金塊の一部権利を渡してしまったという。

その使い道については、「大規模な人道プロジェクトの資金にあてる」とされ、多大なキックバック（謝礼金）も約束されていたそうだ。その交渉の最中には、イギリスのチャールズ国王の偽者まで登場したという。

蓋を開けてみると、そのゴールドから捻出された資金は、生物兵器の製造やウクライナ戦争、さまざまな武器の購入などに使われていた。約束されていたはずのキックバックも、いっさい支払われなかったという。

タイ王族筋によると、タイの現国王ラーマ10世も、タイ王室のゴールドをハザールマフィアに渡してしまったようだ。

ラーマ10世は、「1年のほとんどを息子が留学するドイツで暮らしている」とされているが、実際にはドイツでハザールマフィアの捕虜になったともささやかれている。

ラーマ10世は、2016年に即位した直後、「国民投票で承認された新憲法案の承認を拒否し、一部の条文の修正を要求する」という異例の対応を取った。

これにより、国王が摂政を置かずに外遊できる規定などが憲法に盛り込まれたほか、法改正によって王室財産を国王の意思で運用できるようになっている。

さらに、2023年に入ってすぐ、ラーマ10世の長女パチャラキティヤパー王女が「昏《こん》睡《すい》状態に陥っている」と発表されたが、これも今回の件と無関係ではないだろう。

米中で交わされた「密約」の中身とは

中国政府に対しても、アメリカ勢は延命資金を引き出すために、たくさんの手土産を差し出したようだ。

2023年6月1日、アメリカで債務上限停止法案が可決された。

同2日、フィリピンで自由貿易協定の東アジア地域包括的経済連携（RCEP）が発効した。これにより、RCEPの加盟15カ国すべてで協定が発効した。

そもそも、RCEPはハザールマフィアが延命資金を得るために、2020年に彼らの縄張りの一部を「実質支配権とともに譲渡する」と中国にオファーして成立した枠組みだ。その協定の中身を見れば、加盟国である日本、韓国、ASEAN、ニュージーランド、オーストラリアの各国経済が、実質的に中国経済に組み込まれることは明白だ。

同じタイミングで、ロックフェラー財団に管理されているシンクタンクのブルッキングス研究所が、中国経済とアメリカ経済の融和を呼びかけている。

情報筋によると、アメリカは「対中半導体輸出規制」を各国に強要していたが、バイデン政権は陰で規制の緩和も中国勢に約束しているという。

また、2023年5月30日、イーロン・マスクが中国を訪問し、「中国事業の拡大」を表明した。これは「アメリカのハイテク技術を中国に手渡す」と約束したことを意味する。

イタリアのP3フリーメーソン筋によると、親中を公言するマスクを「アメリカ権力の次のトップに据える」とのオファーも、すでに中国側に伝えられているという。

つまり、アメリカ政府（ハザールマフィア）は、中国から延命資金を借りるために、アメリカ国民や日本などの同盟国をことごとく裏切っているのだ。

さらに、最近、中国政府は自分たちが抱える不動産バブルの問題解決に向け、「資金を投入する」と発表している。このタイミングも偶然とは考えにくい。

おそらく、中国勢がハザールマフィアに手渡したゴールドをベースにつくったドルをアメリカと山分けし、その資金で中国経済の立て直しを図るつもりだ。

ハザールマフィアの甘い言葉に騙された中国

こうした一連の動きを受け、中国勢は「得をした」と思っているかもしれない。

しかし、彼らが絶対に忘れてはならないことがある。

アメリカのロックフェラー一派が近年、ずっと電磁波攻撃や生物兵器（新型コロナウイルス）のばらまきで、中国人を含む世界中の人々を殺そうとしていたということだ。

この連中は、間違いなく、ここ最近で得た延命資金を使って、パンデミックや危険ワクチンを超える大量殺人計画を目論んでいる。

ＭＩ６筋などによると、「ハザールマフィアは２０２５年までに全面核戦争を起こす計画を立てている」という。

その計画を実現するために、中国勢を口説いて延命を図り、莫大な資金を手に入れたわけだ。ハザールマフィアにこれまで何度も約束を反故《ほご》にされてきたにもかかわらず、一部の中国勢が、また彼らの甘い言葉を信じて騙されてしまった。

ドラゴンファミリー筋によると、「アジア王族の長老たちは、アメリカ勢に延命資金を渡すことを許していない。現在、それを食い止めるための策を考えている」という。

しかも、そんな裏工作をしたところで、アメリカと中国が抱える問題の本質が解決されるわけではない。

アメリカは、ＧＤＰが23兆ドルであるのに対し、２８０兆ドル超の負債を抱えている。この問題を先送りするために小手先の資金を投入したところで、結局、その資金がアメリカを蝕み、実体経済の悪化を加速させることになる。

中国も、ひどい不動産バブルに直面している。不動産価格がＧＤＰ比４１４％にも達し、日本の不動産バブルのピーク時（ＧＤＰ比３９１％）より深刻な状況に陥っている。

日本のバブルが弾《はじ》けたときには、商業不動産の価格が90%下落した。日本政府は大量の円を刷って不動産価格の下落を止めようとしたが、結局は、なんら功を奏さなかった。

中国の場合、人口よりはるかに多いマンションの空室が問題の根源であるため、資金を投入したところで、到底、解決にはいたらない。やはり、中国もアメリカも、金融経済のしくみを再起動するしか選択肢はない。

このことは、時間が経てば経つほど明らかになっていく。

近い将来、中国とアメリカの既存権力の多くは、生物兵器のばらまきと、危険ワクチンの強要の罪で裁かれることになるだろう。

いまはワクチン被害をめぐる多数の民事裁判が世界各地で行われている状況で、戦犯裁判が始まるのも時間の問題だ。

その兆しのひとつとして、生物兵器の製造やばらまき、人身売買、武器売買などの犯罪拠点になっているウクライナのゼレンスキー大統領が、国家反逆者および戦犯としてウクライナ検察に起訴されている。

最近、ゼレンスキーが帰国せずに海外を転々としているのは、そのためだ。

そして、ウクライナでの犯罪に加担した世界中の多くの権力者も、ゼレンスキー同様、起訴されることが必至だ。

当然、ハザールマフィアらが、どんなに悪あがきしようが、この現実から逃れられない。

中国政府とバイデン政権の裏取引

純国際投資ポジション（NIIP＝net international investment position）の統計を分析すると、2011年以降、アメリカには10兆ドル（当時約1400兆円）の不明金が生じている。NIIPとは、簡単にいうと、「国の対外資産の残高から対外債務の残高を引いた差額」のことだ。

アナリストのラッセル・クラークは、その矛盾する差額の行方を「謎」だと指摘している。このデータは、ハザールマフィアが日本からお金を巻き上げた年代、金額ともぴったり一致する。

2011年に発生した「東日本大テロ」の直後、日本政府は戦後に貿易で稼いだ7兆ドルもの外貨をハザールマフィアに脅し取られた。それ以降も、日本政府は国民の年金を盗み取られるなどして、さらに3兆ドルを奪われたのだ。

その総額を日本の人口で割ると、ひとりあたり1370万円もの大金が彼らに盗まれた計算になる。主なマネーロンダリング方法は、日銀や年金積立金管理運用独立行政法人（GPIF）などによる株買いだ。

つまり、ロックフェラーなどのハザールマフィアが管理、保有するアメリカのファンドから株を大量に購入するという手口だ。

しかし、日本から搾取するだけでは、アメリカの延命は不可能だ。

そこで、今度は、バイデンや彼に命令を下すロックフェラーたちが中国共産党に、なんでもかんでもオファーし、巨額の資金を手に入れようとしている。

その状況をよく表しているのが、中国国営の『新華社《しんかしゃ》通信』で一面トップに掲載された写真だ。

2023年6月16日、習近平がビル・ゲイツと会談し、笑顔で握手を交わしていた。ビル・ゲイツが「新型コロナワクチンによる殺人」の当事者として、インドの裁判所から追われている最中だったにもかかわらずだ。

その直後の同18日には、アメリカのブリンケン国務長官も中国を正式訪問した。

アメリカの国務長官が中国を訪問するのは2018年以降、初めてのことだった。

アメリカ勢の訪問を拒否し続けていた中国政府が、最近になって急に方針を転換したのは、なんらかの裏取引があったとしか考えられない。

それについては、一般のニュースからもヒントを得られる。

たとえば、2023年6月15日に、「ビル&メリンダ・ゲイツ財団が軍のための研究をする中国共産党傘下の清華《せいか》大学の研究所に5000万ドルを寄付する」と報じられた。

その研究所とビル・ゲイツが提携する目的は「強力なウイルスの研究」のためだという。

おそらく、これは、第二次世界大戦期に大日本帝国陸軍に存在した生物兵器の研究、開発機関である日本の731部隊から引き継いだアメリカの生物兵器技術を、ハザールマフィアが中国軍に売り渡したことを示唆している。

そこにいたる過程で、中国に対する生物兵器攻撃および新型ウイルス攻撃や電磁波攻撃、ワクチン犯罪に加担した中国政府要人に対する脅迫など、さまざまな駆け引きがあったはずだ。

ほかにも、2023年6月16日には、アメリカの半導体製造企業マイクロン・テクノロジーが、「中国・西安《シーアン》市にあるハイテク製造施設に6億ドルを投資する」と報じられた。

アメリカは最先端の半導体技術も中国に売り渡したようだ。ハザールマフィアは、RCEPという自由貿易協定の枠組みをつくり、彼らの縄張りである日本、韓国、ASEAN、ニュージーランド、オーストラリアを中国勢に差し出した。

これについて、『新華社通信』は、日本語版の記事で次のように言及した。

RCEPはすでに、ASEAN10カ国とオーストラリア、中国、日本、韓国、ニュージーランドの署名15カ国で全面的に発効。貿易や投資の自由化と円滑化に関するさまざまな措置を網羅し、とりわけ域内のモノ貿易の90%以上でゼロ関税を段階的に実現するとの内容が柱となっている。

（『新華社通信』2023年6月16日）

つまり、この地域で、中国はやりたい放題できるようになったわけだ。

また、同日付『新華社通信』の英語版では、中国外務省の報道官の言葉として、「アメリカは〝強い立場〟で中国と交渉するという幻想を放棄する必要がある」とした。さらに、「中国への内政干渉をやめなければならない」と述べている。

アジアの結社筋とペンタゴン筋によると、結局、アメリカ勢は、延命資金を得るために「台湾を中国に引き渡す（台湾に関して軍事介入しない）」と約束したようだ。これには、「アメリカ勢が経済的、政治的に日本から手を引く（＝中国の好きにしていい）」とのオファーも含まれている。

不動産バブル崩壊で揺らぐ中国共産党の権力基盤

じつは、中国でも未曽有の異変が起きる予兆が増えている。次の三つのニュースは、そのサインのひとつだ。

12月31日に公表された中国房産信息集団《ぼうさんしんそく》（ＣＲＩＣ＝克而瑞《クラリー》）の暫定集計によれば、不動産大手１００社の12月の新築住宅販売額は前年同月比34・6％減の４５１３億元（約８兆９６５０億円）。11月の29・6％減よりも落ち込み幅が大きかった。

（『ブルームバーグ』２０２４年１月１日）

中国のシャドーバンキング（影の銀行）大手、中植《ゾンチー》企業集団が破産申請を行った。ピーク時の運用資産が１４００億ドル（現在の為替レートで約20兆２６００億円）を超える巨大企業だったが、深刻化する不動産危機にのまれ、急激に転落し破綻した。

（『ブルームバーグ』２０２４年１月５日）

中国の国会に当たる全国人民代表大会（全人代）で人民解放軍出身の代表（議員）９人が解任され、軍内で大規模な粛清が進行していることが確認された。核ミサイルなどを運用するロケット軍や空軍のトップ経験者が含まれている。これほど多くの軍要人の失脚が同時に公表されるのは異例だが、粛清はさらに拡大するとみられる。

（『時事通信』２０２４年１月６日）

現在、中国人の個人資産の7割以上が不動産に集中しているといわれている。その価値が35％下落したのだから、必ず社会不安が起きる。実際、２０２３年中に不動産をめぐるデモや騒動が約１８００件も発生した。

いまの中国不動産市場の動きは、かつての日本のバブル崩壊と過程が酷似している。日本と同じく、中国の不動産価格も、最終的には9割ほど下落するはずだ。むしろ、それくらい下がらないと、一般の人々の給料では、一生かかっても家を買えない。

ただし、そうなれば、中国の既存の金融システムと、共産党の権力基盤が揺らぐのは必至だ。

ウクライナのマネーロンダリング拠点は維持不可能

ロックフェラー一派やバイデン政権が中国に頭を下げたとしても、彼らを失脚させようというアメリカ国内勢の動きを止めることはできない。

アメリカ議会では、バイデンの犯罪に関する証言や録音データ、くわしい証拠資料などが、連日のように報告されている。

ある情報筋によれば、トランプが起訴されたのは、「大統領経験者の起訴」という前例をつくるためだったという。

状況からして、バイデンやロックフェラーがアメリカ国内で法の裁きを受けるのは時間の問題だろう。

さらに、彼らのウクライナでの資金洗浄について、そのシステムが維持不可能になりつつある。

恐ろしい真実が次々と明るみに出て、ウクライナに支援金や物資を送る国が激減しているためだ。

たとえば、ポーランド当局筋によると、ウクライナ政府は負傷した兵士の臓器を売買して多額の戦費を稼いでいるという。また、ロシアの『タス通信』も、ロシア外務省のザハロワ報道官の発言を引用して次のように報じている。

“For example, on December 16, 2021, the Verkhovnaya Rada adopted Law 5831 On Regulating the Transplantation of Human Anatomical Materials. Under the law, a transplantation now doesn’t require a notarized consent from the living donor or his relatives. The procedure for organ removal from the deceased has also been significantly simplified, even if they didn’t give their consent for donating their organs post-mortem. That means it has been made legal by law, not just a fact on the ground,”

訳＝「２０２１年12月16日、ウクライナの最高議会は移植の規制に関する法律５８３１号を採択した。この法律により、移植にはドナーまたはその親族からの公証による同意は不要となった。死後に臓器提供に同意しなかった場合でも、死者からの臓器摘出も大幅に簡素化された。これは、たんに現場での事実ではなく、法律によって合法化されたことを意味する」

（『タス通信』２０２３年６月16日）

アメリカ議会での証言によると、バイデン（＝ロックフェラー）とその家族は、ウクライナで人身売買ビジネスに加担して大儲けしているという。彼らが臓器売買にも関与しているのは間違いないだろう。

バイデンは、中国からアメリカの延命資金を受け取ると同時に、その資金の大半をマネーロンダリングのためにウクライナに送っている。

しかし、いまのウクライナは、ロシアとの戦争で完全に劣勢だ。ウクライナ政府が18〜60歳のすべての男性を強制徴兵しているにもかかわらず、兵士の数が、まったく足りていない。

著名なアナリストであるアメリカのマクレガー退役大佐などの試算によると、ウクライナ軍は2023年6月に入ってからの約2週間で、数百台の戦車と1万5000人の兵士をさらに失ったという。

この先、ウクライナが名実ともに敗北すれば、ハザールマフィアのマネーロンダリング拠点は消滅する。

そのときが、ロックフェラー一派の完敗であり、日本の売国奴政権が終わるタイミングだ。そうなれば、日本人は間違いなく豊かな国を取り戻せる。

中国勢に媚を売るハザールマフィアの思惑

欧米の大富豪たちは、何かに追い立てられるかのように、「保護してくれる後ろ盾」を必死で探している。

アジアの結社筋によると、2023年6月16日にビル・ゲイツが北京で習近平と会談した際、財産やマイクロソフト社の機密情報を渡す代わりに、「中国政府に守ってほしい」と要請したようだ。

当然ながら、中国側から色よい返事は得られなかったという。

同年7月には、ビル・ゲイツ、ビル・クリントン、アレックス・ソロスがローマに向かい、ヴァチカンのフランシスコ教皇に保護を求めたと、P3フリーメーソン筋などが伝えている。このクリントンとソロスの訪問については公に報道された。

以前、アメリカのジョージ・ウォーカー・ブッシュ（ブッシュ・ジュニア）とイギリスのトニー・ブレアが失脚した際、イラク侵略をめぐる追及から逃れるために、当時の教皇ベネディクト16世に面会して保護を求めたことがあった。

のちにブッシュ・ジュニアは粛清されたが、少なくとも、ベネディクト16世が退位（失脚）するまでは、二人とも守られていた。

しかし、今回、ゲイツ、クリントン、ソロスはワクチン犯罪や児童虐待などの罪の許しを請い、ローマ教皇に保護を求めたが、現在のフランシスコ教皇には彼らを守る力がない。

というのも、本物のフランシスコ教皇は2020年に暗殺され、現在の「教皇」はゴムマスクをかぶった影武者にすぎず、本来の権力や権限を持ち合わせていないからだ。

これについては、SNSやインターネットで、以前から動画や画像が出回っている。

P3筋によると、いまの「教皇」の影武者は、ヴァチカン銀行（宗教事業協会）の総裁ジヤン＝バティスト・ドフランシュから命令を受けて動いているという。

このフランス人実業家ドフランシュの経歴を調べると、やはり最終的にロスチャイルド一族にたどりつく。

問題は、そのロスチャイルド自体が追いつめられており、彼らもまた、中国政府に保護を要請しているということだ。

2023年6月27〜29日に中国の天津で開催された「第14回夏季ダボス会議」の映像を見ると、それがよくわかる。

WEFのシュワブ会長が中国を絶賛し、「われわれは中国を世界最高の超大国として認めなければならない」と明らかに媚を売るようなスピーチをした。

シュワブの母方の血筋はロスチャイルドであり、当然、彼も、ロスチャイルド一族の一員だ。

シュワブは、2023年7月4日に日本にも立ち寄り、岸田総理とも面会した。

手負いのハザールマフィアはいずれ自滅する

ＷＥＦに群がるロスチャイルド一族やハプスブルク家、ローマ貴族などのハザールマフィアは、２０１４年１月のダボス会議で、安倍晋三《あべしんぞう》元総理に、「いまの中国は第一次世界大戦前のドイツのようだ」と発言させた。

これは、ドイツ帝国が第一次世界大戦で敗戦して分断されたように、今後、中国も同じ運命をたどるというハザールマフィアからのメッセージだった。

Ｐ３筋や中国の江沢民《こうたくみん》元国家主席の側近だった人物によれば、以前から、「中国を各方面から侵略して五つの国に分ける計画があった」という。

ハザールマフィアは中国を五つに分裂させ、それらをライバルとして永遠に戦わせ、二度と中国が脅威にならないよう徹底的に弱体化させるつもりだった。

さらに、彼らは、２０２０年にパンデミックと称して電磁波攻撃をしかけ、武漢《ぶかん》の人々の命を大量に奪った。

中国勢が、この出来事を忘れるわけがない。ビル・ゲイツやシュワブがいくら媚を売っても、中国政府が彼らを本気で保護することはない。そのため、彼らは欧米で始まるパンデミック捏造や危険ワクチンをめぐる戦犯裁判から逃れられない。

戦犯裁判の開始時期について、MI6筋とFSB筋に尋ねたところ、双方から同じような答えが返ってきた。彼らは、ハザールマフィアのことを「手負いの獣」と表現し、「すぐに攻撃をしかけても、いまはまだ、とんでもない反撃にあう可能性が高い。だから、静観していれば、力尽きて自滅するのは時間の問題だ」と話している。

そのため、戦犯裁判は、彼らの権力体制が完全に自滅してから開かれ、同時に新たな世界体制が始まるだろう。

ハザールマフィアの権力体制の崩壊は、日に日に加速している。

資金が枯渇しているので、それを補うために、彼らが私物化する欧米の中央銀行に「利上げ」をさせ、一般市民から搾り取るお金を増やしている。

しかし、今後、ローン金利の固定期間が終了したのち、新たな金利（5％以上）で返済額が再計算されると、これまでゼロ金利に近い超低金利ローンを組んでいた企業や個人の多くが破綻に追い込まれるのは避けられない。

すでに多くのアメリカ人が変動金利のローンで返済不能に陥っており、数学的に見ても既存の欧米金融システムが崩壊するのは確実だ。

そのとき、ハザールマフィアの支配は完全に終わる。彼らは保護を求めて必死だが、逃げ込める場所は地球上のどこにもない。

欧米エリートが世界で気象兵器を乱用する理由

アメリカ政府とＦＲＢの倒産が表面化する前に、欧米支配階級であるハザールマフィアらが、逃げ場所と交渉材料を得るために、電磁波を利用した気象攻撃を乱用している。

２０２３年には、ハワイ、カナリア諸島、カナダ北西部などで大規模な山火事が相次いで発生した。中国では記録的な豪雨による洪水や土砂崩れが続いた。

その背景には、アメリカの倒産と、その後の国際体制に関する交渉があるとされている。とくに注目すべきは、ハワイの山火事の被害が旧ハワイ王国の首都ラハイナに集中していたことだ。

ＢＲＩＣＳ同盟は、アメリカ倒産後、新しい国際体制を構築するにあたり、「ハワイの独立」を主張してきた。これに対する返答として、ハワイ先住民や旧ハワイ王族が多く住むマウイ島が襲撃されたのだ。

じつは、ハワイは欧米エリートが以前から準備していた逃げ場所のひとつである。

インターネット上では、ハワイの山火事が電磁波攻撃であったことを示す証拠映像や証言が次々と出回った。

たとえば、ヤシの木が燃えずに立っているのに、その隣にある車だけが溶けているといった状況が映像で残っている。

これは、「電子レンジに入れて反応する物質だけが溶けたり燃えたりし、反応しない物質は無傷である」という電磁波攻撃の特徴的な痕跡だ。少なくとも通常の火事では説明がつかない。

さらに、現地への立ち入りは、アメリカ連邦緊急事態管理庁（ＦＥＭＡ）と赤十字にしか許可されなかった。

にもかかわらず、地元民の証言によると、彼らが実際に救援活動をしている様子は、まったく見受けられなかったという。

２０２３年８月10日には、マウイ島の山火事について書かれた本が出版された。火事発生からわずか２日後という対応に疑念が生じている。

「本の原稿はＡＩが書いたから2日で発売できた」などと言い訳をしているが、あらかじめ原稿が用意されていなければ不可能だろう。

ハワイにあるエリートたちの豪邸が、すべて無事だったことも疑問だ。

ザッカーバーグ（故デイヴィッド・ロックフェラーの孫）などの欧米エリートたちは、ハワイ政府より多くの不動産を現地で保有している。そのため、これから始まる再開発などで大きな利益を得る見込みだ。

実際に、裕福ではないハワイの地元民から「火事で建物が焼失したあとの土地」を格安で買い取ろうとする不動産業者が殺到していた。これは、放火による地上げだろう。

カナリア諸島もカナダも電磁波攻撃特有の現象

2023年8月15日、スペイン領カナリア諸島のテネリフェ島で大規模な山火事が発生し、2万6000人以上が避難する事態に陥った。

ロスチャイルドの関係筋によると、カナリア諸島もハワイと同様に、欧米エリートの逃げ場所の候補地だといわれている。

今回の山火事により、欧米エリートが手に入れたい土地から現地の人々が半強制的に追い出されている点もハワイと共通だ。

同じタイミングで、カナダ北西部ノースウエスト準州の州都イエローナイフでも山火事が発生し、周辺地域を含む全住民の約2万人に避難命令が発出された。

地元テレビ局CBCが取材した避難者のひとりは、「13日にヘイ・リヴァーから逃げ出した際に、炎のなかを抜けたところ、車が溶け始めた」と語っている。

しかし、本来、金属（車）が溶けるほどの高温の炎であれば、その場をくぐり抜けた人間は、その瞬間に死んでいるはずだ。

イエローナイフは、ハワイやカナリア諸島と違い、寒冷地であるため、エリートたちの逃げ場所の候補には考えにくい。攻撃の理由は別にあるはずだ。

おそらく、彼らの狙いは、ダイヤモンドや、ウランの鉱山、あるいは地下施設の確保だろう。

カナダの場合も、金属は溶けるが、紙や木などは燃えないという電磁波攻撃特有の現象が起きた。この山火事の原因も、間違いなく電磁波による攻撃だ。

電磁波によって天候を操作する技術は、以前から一般に知られており、音波でハリケーンや竜巻を発生させる技術のパテントも、すでに存在している。その技術がハザールマフィアの手で恣意的に用いられている。

欧米エリートが気候変動キャンペーンを始めた思惑

追いつめられた欧米エリートたちは、気象兵器を乱用し、ムダに山火事や洪水などの災害を引き起こしている。

そして、「気候変動（Climate Change）」という呪文を繰り返し唱え、その影響が深刻化しているから、対処するためには世界統一政府と莫大な資金が必要だと主張している。

じつは、アメリカでは、２００９年に大量の資金が放出された。２００８年のリーマン・ショック発生直後、アメリカ勢は「共産主義を信奉するアメリカ初の黒人大統領を誕生させる」と約束し、アジアの長老たちから多大な資金を融通してもらった。

次に大量の資金が放出されたのは、２０２０年のパンデミック騒動だった。

彼らは、賄賂をばらまき、ワクチンやＰＣＲ検査キット、医療品などを世界各国に売りつけ、約10兆ドルの資金を手に入れた。

2009年に放出された資金の効力は11年ほど続いたが、2020年に放出された資金の効力は、たった2年しかもたなかった。

そのため、欧米エリートたちは、長年計画してきた「宇宙人による地球侵略」という偽のシナリオを急いで発動したが、あまりにもバカげていて、誰も相手にしなかった。

そこで、慌てて「気候変動」の宣伝活動を始めたが、このキャンペーンも、彼らの思惑どおりにはいかないだろう。

欧米エリートたちが、気象兵器を使って、またとんでもない悪さを企んでいるのは間違いない。彼らが気象兵器を世界に誇示する理由は、ほかにもあるからだ。

そのひとつが、ウクライナでの敗北である。

ロシア政府は、2023年8月15日に開かれた「第11回モスクワ国際安全保障会議」に76カ国から800人以上の代表者を招待し、ロシア製の武器の販売促進を図った。ちなみに、欧米諸国は1カ国も呼ばれていない。

ウクライナ戦争では、欧米勢の武器の弱点が大きく露呈した。

そこで、ロシア政府は、「欧米以外の国々に武器を大量に供与、売却することで、早々に多極的な世界体制の構築を進めよう」と考えている。

そうなると、欧米勢としては、自分たちの機密技術や先端技術を世界に見せつけないと、今後の武器営業や立場の維持が難しくなる。

世界で巻き起こる反欧米と多極的世界秩序の構築

欧米の孤立が深まるなか、欧米エリートが気象兵器を使う理由は、ほかにもある。それは、世界中で起こっている反欧米の動きだ。

たとえば、2023年7月26日にアフリカのニジェールで軍事クーデターが発生した。クーデターを起こした軍指導部は、親欧米路線だったモハメド・バズム大統領を追い出し、同年8月10日には新政府の発足を世界に向けて表明した。

このクーデターの最終的な目的は、フランス政府を倒すことだったという。ニジェールは、フランスの元植民地で、フランスが自国の原子炉で使用するウランの大部分をタダ同然で提供させられてきた。

さらに、EU政府は、ロシアやアメリカに対するヨーロッパのエネルギー依存度を下げるために、ニジェールを横断するガス・パイプラインの建設を計画していた。

しかし、今回のニジェールの政変によって、ヨーロッパが天然ガスやウランなどのエネルギーを自力で確保しにくくなったわけだ。

ヨーロッパ最大の弱点であるエネルギーを押さえられれば、フランスのみならず、EUの多くの国の政府が連鎖的に倒れる可能性がある。

こうして世界の大部分の国々で欧米の支配構造が排除されつつある。欧米のエリートたちは、どんなにあがいても、BRICSや上海協力機構が提唱する「多極的世界秩序の構築」の交渉に応じるしかない状況に追い込まれている。

「カマラ・ハリス大統領」なら国家崩壊は不可避

欧米エリートたちは、世界での孤立を解消しようと、アメリカの指導者を女性に入れ替え、好感度を向上させようとしている。

とくにアメリカでは、バイデン政権のスキャンダルが次々と噴出し、その封印がもはや不可能な状況にある。

この動きの背景にある大きな要因のひとつは、既存権力（ハザールマフィア）による情報統制の崩壊だ。

2023年9月12日、ケヴィン・マッカーシー下院議長がバイデンに対する正式な弾劾調査の開始を発表した。それを受け、ホワイトハウス法律顧問局が、次の内容の書簡を同日中にマスコミ各社に送った（引用者訳）。

バイデンが悪いことをしたという証拠はない。このニュース（共和党による弾劾調査）について報道機関は監視し、警鐘を鳴らすべきだ。

このような記事の方向性を強要する内容に対し、ジャーナリストや記者たちから反発の声が上がった。

その結果、これまで既存体制側のプロパガンダを露骨に発信してきたCNNですら、バイデンの疑惑について事実確認した次の四つの事柄を公に報じた。

①バイデン一家が外国からペーパーカンパニー経由で、2000万ドルの賄賂を受け取っていたこと

②FBIが長らく隠蔽してきた文書に、バイデン本人が1000万ドルの賄賂を受け取っていたことが、情報源の証言として明記されていること
③バイデン本人が、アメリカ副大統領の立場で、息子ハンターのビジネスパートナーと交渉していたこと
④バイデンに関して、六つの銀行が計150もの不審な取引を報告していること

現在、情報統制がきかなくなっているため、バイデンの弾劾は時間の問題だ。そこで、急遽、ハリス副大統領を大統領に就任させようという案が、権力層のあいだで浮上したわけだ。

しかし、そんな小手先の対応では、崩壊するアメリカの根本的な問題を解決できない。有色人種であるハリスを大統領に据えることで、アメリカが変化していることをアピールし、各国（とくに中国とインド）の機嫌を取り、延命資金を引き出したいという狙いがあるだろう。

NSA（アメリカ国家安全保障局）筋からは、「アメリカ政府がフロリダ州沖の一部海域（イタリアの国土面積ほどの広さ）を外国の石油会社に売却して資金を調達しようとしている」と

いう情報が寄せられた。同筋は、「タリバン政権がアフガニスタンでのアヘン生産を禁止したため、今度はイラクでアヘン生産を始めて延命資金を稼ごうとしている」とも伝えている。

2023年9月13日、アメリカ財務省は8月の財政収支が892億6000万ドル（当時約13兆1200億円）の黒字だと発表した。しかし、これはアメリカ最高裁が「バイデン政権による学生ローン返済の一部免除措置は違憲である」と判断したため、返済分を歳入に計上した結果にすぎない。

実際には、黒字とされる892億6000万ドルから無効になった学生ローン免除分3336億5000万ドルを差し引くと、8月の収支は2443億9000万ドルの赤字（前年同月比56・8％増）だったことがわかる。

いずれにせよ、2023年度（2022年10月～2023年9月）のアメリカの財政収支は8月末時点（当初11カ月）で1兆5200億ドルの赤字であり、赤字幅は前年同期の9460億ドルから60％あまりも拡大していた。いまも100日単位で1兆ドルの赤字が増えている。

イスラエル閣僚がアメリカ最大のユダヤ人団体に反対

2023年9月10日に閉幕したG20会議で、アメリカは、インド、中東、ヨーロッパを結ぶ大規模な交通インフラの整備を提案した。これは中国の一帯一路に対抗し、アメリカ主導の新たな経済回廊をつくろうというものだ。

アメリカは、これまでに何度も同様の提案をしてきたが、資金源を確保できず、計画が頓挫してきた。

インドからヨーロッパまでをつなぐプロジェクトは、中東の産油国が持つ豊富な資金がなければ実現不可能だ。しかし、それらの国々は、BRICSへの正式加盟が決まっており、国際テロ国家のアメリカを支援するつもりがないことは明白だ。

たとえば、サウジアラビアがアメリカの超大手軍需企業RTX（旧レイセオン・テクノロジーズ）と交わした250億ドルの契約を突然キャンセルしたことからも、それがうかがえる。

2023年9月15〜16日には、アメリカの制裁対象であるキューバの首都ハバナに発展途上国100カ国以上の政府首脳や閣僚、国家元首などが集まった。そこで、「既存の国際金融の枠組みを解体しなければならない」との声明を発表した。

このグループは、世界の人口の8割と国連の議席の3分の2を占めており、同18日から始まった国連の一般討論演説に先立ち、「新しい国際経済秩序（new international economic order）」に向けた決議草案も提出した。

こうした世界の現状を受け、アメリカのアントニー・ブリンケン国務長官は、次のように語った。

But what we're experiencing now is more than a test of the post-Cold War order. It's the end of it.

訳＝しかし、いま、われわれが経験していることは、冷戦後の世界秩序に対する試練というより、冷戦後の世界秩序の終焉《しゅうえん》だ。

（U.S. DEPARTMENT of STATE）

ここまでくると、アメリカも時代の変化を認めざるをえないだろう。

2023年5月ごろ、アメリカ最大のユダヤ人団体である名誉毀損防止同盟（ADL）は、X社（旧ツイッター）のイーロン・マスクを「ユダヤ差別」として猛烈に非難した。その際、イスラエルのディアスポラ問題・反ユダヤ主義対策担当相のアミチャイ・チクリがマスクを擁護するコメントを発信した。

As Israel's minister who's entrusted on combating anti-Semitism, I would like to clarify that the Israeli government and the vast majority of Israeli citizens see Elon Musk as an amazing entrepreneur and a role model.

(@AmichaiChikli)

訳＝反ユダヤ主義との戦いを任されているイスラエルの大臣として、私はイスラエル政府と大多数のイスラエル国民がイーロン・マスクを、すぐれた起業家であり、ロールモデルとなる人物だと見ていることを明言しておきたい。

イスラエルの閣僚がアメリカ最大のユダヤ人団体に対して公に反対意見を表明することは、じつは、かなり画期的なことだ。これも時代の変化を示す重要な出来事のひとつといえるだろう。

ロスチャイルドの「降伏交渉」要請が歴史の分岐点に

世界が歴史的な分岐点に近づいている。

先日、ロスチャイルド一族のパリ家とロンドン家が降伏交渉を申し入れたという情報が寄せられた。

交渉を申し入れたのはダヴィド・ド・ロチルド男爵で、その相手はイギリスに本部を置く300人委員会の「陰のトップ」とされる人物および欧米軍産複合体の改革派（ペンタゴン）の代理だ。

その300人委員会トップからの情報によると、ロスチャイルド一族は、欧米金融システムと欧米政界の管理を手放す代わりに、恩赦を求めているという。

この交渉が順調に進めば、300人委員会トップが欧米金融システムの管理権を引き継ぎ、早々に貧富の格差を是正するプロジェクトを開始するようだ。

ただし、ペンタゴンの代理は、いくつか条件を提示している。

一つ目は、民間中央銀行が「なんの裏づけもない貨幣に利子をつけて貸し出す」というカラクリの詐欺で奪い取った富を、徳政令などの方法で一般市民に返還すること。

二つ目は、欧米社会を再び「本当の民主主義の法治国家」に戻すこと。

三つ目は、民主主義を守るために「マスコミの自由」を取り戻すこと。

これらの条件については現在、300人委員会トップとロスチャイルド一族からの返事を待っている状態だ。

また、この動きとは別に、アメリカ財務省の官僚もペンタゴンの代理に接触しており、彼らは、「アジア諸国にある米ドル札の束《たば》を引き取りたい」とオファーしているという。

ちなみに、アメリカ既存体制の財務長官であるイエレンは、この動きには、いっさい関与していない。

少し、アメリカ財務省が引き取りをオファーしている「米ドル札」について、背景を説明しておこう。

アメリカとの貿易で黒字を計上した国々は、その黒字分を米ドル札で長年受け取ってきた。1976年ごろからアメリカでは慢性的な貿易赤字が続いており、そのため、大量の米ドル札が世界各地に存在している。

２０００年以降だけでも、アメリカの表向きの貿易赤字は総額12兆１４３０億ドルにのぼり、その多くが「１００ドル札の束」として、主にアジア諸国、とくに日本と中国の蔵で眠っているようだ。

ロシアのプーチン大統領によると、アメリカ人以外が合計53兆ドル保有しているという。いずれにせよ、これまでアジアの国々は、対アメリカ貿易で黒字を計上しても、手に入れた米ドル札を使わせてもらえなかった。

ペンタゴンに対し、アメリカ財務省の官僚は、「そうした米ドル札を、何かしらの条件と引き換えにアジアから引き取り、新しい欧米金融システムのために使おう」というオファーを出したようだ。

現時点では、アメリカ勢と３００人委員会トップのグループは別々に動いているため、今後、その両陣営の調整が必要だ。また、アジア勢は、「それについて反対しないが、そのお金をロスチャイルドやロックフェラーなどには絶対に渡さないこと」を条件に挙げている。

こうした水面下の動きが本格化すれば、各国の政界や戦後の国際体制の枠組みも、大きく変わることになるだろう。

フランスからロスチャイルドを追放する準備が進行中

ロスチャイルド一族が降伏交渉を急いでいる理由は、フランスにおける一族の処遇が危ぶまれているからだ。

現在、フランスの政治家シャルル・ド・ゴール（第18代大統領）の孫や、その他大勢の愛国者たちが、ロスチャイルド一族をフランスから追放しようと準備を進めている。

先日、その愛国者グループから、ロスチャイルド一族のフランス分家について、次のようなメッセージが寄せられた（引用者訳）。

フランスはダヴィド・ド・ロチルドが支配している。彼はフェリエール城で悪魔主義者の儀式（乱交パーティ）を開催していた父ギー・ド・ロチルドからフランス支配の全権を引き継いだ。ダヴィド・ド・ロチルドは世界ユダヤ人会議の理事長であるため、彼については、いろいろと探ってきた。彼らは近親相姦《そうかん》を繰り返してできあがった一族だ。親族以外を信用しないため、必ず親族を大事な役職に置く。（中略）彼らはパリこそが本当のエルサレムだと考えている。彼らはパリから世界を支配するつもりだ。彼らはイスラエルにいるユダヤ人が全滅しても構わないと思っている。そして、エマニュエル・マクロンの役割は、イザヤ書の預言（＊）にもとづいて、彼らの妄想を実現することだ。

（＊引用者注＝旧約聖書のイザヤ書ではエマニュエルという人物が登場し、そこで「神様がユダヤ人の敵を滅ぼす」と予言されている）

要するに、フランスの愛国者たちは、独自に調査を重ね、ロスチャイルド一族について、筆者と同じ結論にいたったというわけだ。

欧米の金融システムは、狂信的な世紀末思想を持ったカルトに乗っ取られた。そのカルトは、２０２０年から生物兵器（新型コロナウイルス）とワクチンを使って本気で世界中の人類を殺そうとしていたが、その試みは失敗に終わり、多くの人々に彼らの悪事が知られることになった。

そのため、現在、法の網が各方面から彼らに迫っており、彼らが降伏する代わりに恩赦を要求しているというわけだ。

彼らが降伏交渉の申し入れを急いだ理由には、2023年11月21日にオンライン形式で開催されたBRICS首脳会議も関係している。

その際、BRICSは、パレスチナ情勢に言及し、イスラエル（ロスチャイルド一族）に圧力をかけてガザ地区での大量虐殺をやめるよう訴えた。同時に、アメリカ軍もイスラエルに圧力をかけ、その直後の24日から「4日間の一時停戦」が始まった。

ロスチャイルド一族が降伏すれば、人類は、ようやく長い悪夢から目を覚ますことができる。しかし、彼らが降伏しない場合、一族は、このまま魔女狩りの標的になるだろう。

「反チャールズ」の世論形成によるイギリス権力層の改革

「アドレノクロムの製造工場（子どもの拷問施設）」に関して、アメリカ軍の関係筋から、「問題の施設はすべて壊滅させた」との情報が寄せられた。

同筋によると、その施設内にいた全従業員がその場で射殺され、子どもたちは可能なかぎり助け出されたという。

これらの施設は、アメリカ正規軍の施設ではなかった。

政府から防衛システムの開発、製造などを請け負う防衛請負業者が、軍人になりすまし、施設を正式な政府機関であるかのように見せかけて運営していた。すでに閉鎖された旧陸軍施設などを利用していたようだ。

現在、その施設を管理していた組織の上層部も次々に粛清されているという。そうなれば、当然、ロックフェラーなどの欧米支配階級の失脚は時間の問題だ。

2024年2月5日、イギリス王室は、「チャールズ国王が、がんと診断された」と発表した。

その直前に、「全寮制のエリート寄宿学校（アルデンハム学校）で数十年にわたって続いている〝大規模な小児性愛者の組織〟にチャールズ国王が関与している」という内部告発がネット上で発信されていた。

それによると、チャールズは、これまでに何百人もの子どもたちを強姦《ごうかん》したり拷問したりしてきたという。

ただし、CIA筋によると、チャールズは2023年5月6日に執り行われた戴冠式の時点で、すでに死亡していたという。

戴冠式の日は、エリザベス女王の死から6カ月6週6日目、つまり悪魔の数字「66

6」を示す日付だった。本来なら「国王の死から1年間は喪に服する」という習慣があるにもかかわらず、あえてその日に戴冠式が行われたのは、「反チャールズ」の世論を形成するためだったようだ。

そして、チャールズ国王のがんの報道は、今後、チャールズの死を正式に発表するための準備のひとつだという。

情報筋によると、いまはアン王女（故エリザベス女王の長女）がチャールズの11歳の孫、ジョージ王子（王位継承順位第2位）の摂政としてイギリス王室の実権を握っているという。王位継承順位第1位のウィリアム皇太子は、王座に就く意思はないようだ。

このイギリス権力層の改革は、これから目に見えるかたちで進んでいくと、同筋は伝えている。

大本営発表が「反ロシア」から「親ロシア」に転換

ほかにも、欧米の既存体制の崩壊を示すサインは多い。次のニュースも、そのひとつだ。

米保守派の元テレビ司会者タッカー・カールソン氏は8日、ロシアのプーチン大統領との単独インタビューの内容を公表した。プーチン氏はウクライナに武器支援を行ってきた米国を非難し、「もし本当に戦いを止めたいのなら、武器供与を止めよ。数週間で戦争は終わり、何らかの合意が得られるだろう」と自説を繰り返した。

（『時事通信』2024年2月9日）

このインタビューは、アメリカを含む欧米の大本営発表の変化を表している。欧米の世論を「反ロシア」から「親ロシア」に転換させることが、このインタビューの目的だった。

さらに、次のニュースも注目される。

米議会上院は8日、ウクライナとイスラエルへの軍事支援を含む950億ドル（約14兆円）規模の包括支援案を審議すると決めた。上院は前日には、不法移民対策を絡めた超党派の予算案を採決したものの、野党・共和党が反対したため、通過しなかった。

（『BBC』2024年2月9日）

アメリカからの支援金が完全に途絶えれば、ウクライナもイスラエルも、破綻に追い込まれるのは必至だ。

そうなれば、イスラエルという国家は滅亡し、同時にウクライナ戦争も終結し、ヨーロッパの国境再編が始まる。

ロシア連邦議会のヴャチェスラフ・ヴォロージン国家院議長は、2023年5月に、「ポーランドは第二次世界大戦後に獲得した領土を返還し、戦中、戦後にポーランド領の復興、発展のために費やした資金を、わが国に返済しなければならない」と発言している。

彼が「返還すべき」と主張する領土というのは、現ポーランド領の3分の1にあたる。

その領土は、もともとドイツ領であり、ドイツ当局筋は、「そうなれば、ヨーロッパとロシアの勢力範囲の境界線は、第一次世界大戦前（1914年より前）の状況に戻る」と話している。

EU、アメリカでロックフェラー支配が終わるとき

現在、既存のEUという枠組みが空中分解する可能性も高まっている。

農家やトラック運転手などによる大規模な反体制デモがEU域内の流通を完全に麻痺させており、フランスとEUの政府が農業団体に対して降伏の交渉を始めた。

これは、ロックフェラーによるヨーロッパ支配にも大きな打撃を与えている。

抗議活動を行う農業生産者たちの要求のひとつは、「ウクライナ産の格安で粗悪な穀物の輸入停止」だ。

近年、ヨーロッパの農家を圧迫しているウクライナ産の輸入農産物の多くは、ロックフェラーが牛耳るハゲタカファンド所有の大規模農園でつくられている。

ハザールマフィアは意図的に食料危機を引き起こし、最終的には、一般人類の食料を、すべて自分たちで管理しようと計画しているのだ。

そのために、わざと農家を廃業に追い込むような政策を、いくつも押しつけようとしているが、現在、その計画は、ヨーロッパ全土の農業生産者の抵抗により、早々に頓挫しよ

うとしている。

また、ヨーロッパの農家が各国政府に訴えている燃料費の高騰も、結局はロックフェラーの仕業だった。

彼らの狙いは、ロシアからの格安燃料の輸入を停止させ、ロックフェラーが利権を握る割高なエネルギー資源をヨーロッパに売りつけることだ。

しかし、ヨーロッパ全土で抗議活動が激化しているいま、ヨーロッパ各国の政府が割高な燃料資源を買い続けることは不可能だ。

これにより、ロックフェラーは、ヨーロッパ市民からお金を搾り取ることができなくなった。

アメリカ国内でもロックフェラーの支配体制は揺らいでいる。

FRBが2022年3月に開始した金利引き上げの影響で、アメリカの大手金融機関の資産価値は、平均して45%下がった。

つまり、アメリカのほとんどの大手銀行が事実上、破綻している状態だ。

しかも、商業不動産価格の下落が、銀行をさらに圧迫している。

これは、「リーマン・ショックを超える危機がすでに始まっている」ということだ。ロックフェラーの権力基盤であるFRBの破綻も避けられないだろう。

しかし、そんな事態に直面していても、バイデン政権は、相変わらず経済統計をごまかし、現実を拒否し続けている。

たとえば、バイデン政権が発表したアメリカのGDPの伸び率は、政府借金の増大によるものだという分析もある。

実際に2023年第4四半期の状況を見ると、GDPに3000億ドル分が加算された一方で、政府借金が8340億ドルも増えている。

しかも、その増加したGDPの内訳を見ると、違法な外国人労働者に政府関連の「生産性のない仕事」をさせただけというのがわかる。たとえば、道路に穴を掘り、その穴を埋めただけの作業でも、データ上では、「そこに経済活動があった」と見なされ、GDPが伸びたように見えるカラクリだ。

この分析によると、アメリカ政府が発表するGDPの伸び率は、あくまで政府借金の増大によるもので、その政府借金の負担を増税などで民間にかぶせ、一般市民から富を奪っている。

バイデン政権を早く終わらせないと、すべてのアメリカ人がホームレスになってしまう。

悪魔を崇拝する欧米エリートの粛清が加速する

最近、欧米の改革勢力が「悪魔を崇拝する欧米エリート」の粛清を加速させている。すでに多くの超エリートたちが公の場から姿を消した。

たとえば、イギリス国王チャールズ3世、ウィリアム皇太子、キャサリン皇太子妃、カミラ王妃、ヨーク公爵夫人セーラ（アンドルー王子の元妃）、エディンバラ公爵エドワード王子、トーマス・キングストン（マイケル・オブ・ケント王子の娘婿でフリーメーソンの幹部だった人物）、ジェイコブ・ロスチャイルド、ナット・ロスチャイルド、ノルウェー国王ハーラル5世、デンマーク女王マルグレーテ2世、アメリカ国防長官オースティン、アメリカ共和党のミッチ・マコーネル上院院内総務などがいる。

これらの人物の多くは、緊急入院や退位、死亡などの理由で表舞台から姿を消している。彼らの共通点は「子どもを拷問して生贄にする悪魔崇拝の儀式に参加していた」ことだ。

この欧米改革勢力による動きは、悪魔崇拝エリートの最後のひとりが粛清されるまで続くだろう。

ＣＩＡ筋によると、悪魔崇拝エリートの最高幹部だったソロスが２０１７年に殺害されたあと、その地位をグーグルの創業者ラリー・ペイジが引き継いでいる。

現在、ペイジはどこかに雲隠れしており、最後に目撃されたのはフィジー島だという。

２０２４年2月26日には、ジェイコブ・ロスチャイルドの死亡が発表されたが、実際には２０１７年に死亡していた。

その原因は、同年11月に彼の屋敷近くで発生した、ヘリコプターと小型機の衝突事故だった。

この事故で、マスコミは「４人が死亡した」と報じたが、莫大な利権がからんでいたため、ジェイコブの死亡は当時、公表されなかった。

創価学会の池田大作名誉会長の死去が、２０２３年11月になってようやく公表されたのも同じ理由だろう。

ＭＩ６筋によると、ジェイコブ・ロスチャイルドの死去が正式に発表されたことは、「欧米金融システムの頂点における変化」を意味している。

イギリス国内の報道によれば、ジェイコブ・ロスチャイルドの後継者は、長女のハンナであり、長男のナットではない。

なぜなら、前出のリストにも名前があるとおり、ナットは最近、公の場から姿を消しているからだ。

現在、ハンナは一族のメンバーを殺害しないことを条件に降伏交渉を進めていると、アジアの結社筋は伝えている。

このような展開にいたるまで、欧米権力の最高峰で壮絶な派閥間争いが繰り広げられた。たとえば、2024年1月1日には、アメリカのオースティン国防長官が入院し、その後は入院と復帰を不安定に繰り返した。

バイデンや国家安全保障問題担当の補佐官でさえ、彼の不在を数日にわたって把握していなかった。そのたびに違うオースティンの「影武者」が現れては消えている。そして、同年2月29日には、下院の公聴会に「4人目のオースティン」が登場し、次のように発言した。

（略）if Ukraine falls, I genuinely believe NATO will be fighting Russia.

訳＝ウクライナが崩壊すれば、ＮＡＴＯはロシアと戦わなければならないだろう。

（『THE NEW VOICE OF UKRAINE』２０２４年３月１日）

さらに、フランスのマクロン大統領も、「NATOはロシアと戦う必要がある」と公言している。

しかし、ドイツのショルツ首相とNATOのイェンス・ストルテンベルグ事務総長は、すぐに「NATOはロシアと戦わない」とマクロンの発言を否定している。

何より、欧米諸国のウクライナ支援（武器や資金の供与）は完全に止まっている状況だ。ロスチャイルド一族の息のかかった欧米の指導者たちは、NATO対ロシアの戦争を煽り、好戦的な発言を繰り返しているが、NATO本部は、ロシアと戦うつもりはさらさらない。

ちなみに、筆者はロスチャイルド一族パリ家当主のダヴィド・ド・ロチルドとは以前から間接的に連絡を取り合っていたが、最近は「スキーバカンスに出かけた」といった理由で、まったく連絡が取れていないようだ。

彼は、おそらくシュワブ（母方がロスチャイルド）とともにスイスのツーク市郊外にある一族の地下施設に身を潜めているか、すでに粛清された可能性がある。

レーザー兵器の使用で見える旧権力の末期症状

現在、ロスチャイルドを含むハザールマフィアらが数百年前から計画してきた「ウクライナにハザール王国を復活させよう」という動きが、もうすぐ頓挫しようとしている。

同様に、もうひとつの「ロスチャイルド国家」であるイスラエルも、アメリカからの資金援助や軍事支援が得られず、存続の危機に瀕している。

この危機的な状況を受け、ヴァチカンでフリーメーソンとローマ教幹部の緊急会議が開かれた。これは異例の出来事だ。

その後、「黒い太陽（Black Sun）」を崇拝するP3フリーメーソンが、アジアの結社に連絡し、世界の新体制について話し合うため、会談を申し入れた。

また、EU外務・安全保障政策上級代表を務めるボレルが、自身のブログで次のように述べている。

If the current global geopolitical tensions continue to evolve in the direction of "the West against the Rest," Europe's future risks to be bleak. The era of Western dominance has indeed definitively ended.

訳＝現在の世界的な地政学的緊張が、「西側対その他の国々」の方向に発展し続けるなら、ヨーロッパの将来は暗いものになる恐れがある。西側優位の時代は、確実かつ完全に終わったのだ。

しかし、悪魔崇拝エリートの抵抗は、まだ終わっていない。

現在、彼らは衛星に搭載されたレーザー兵器システム（指向性エネルギー兵器）を使って、世界各地で大規模な火災を引き起こしている。

最近の事例でいうと、バイデンの移民政策に反発して連邦政府に反旗を翻したテキサス州の山火事だ。

2024年2月26日に同時多発的に発生したこの山火事は、同州史上最悪の被害が出た。

さらに、この山火事に対してバイデンが、「屋根の色を青にすれば、家は破壊されない」とレーザー兵器の使用を示唆する発言をしたと報じられたのだ。

バイデン政権が、「身分証のない不法移民にも、銃などの武器を販売してもいい」という通達を出していると、ガンショップ店主たちの証言が多数報じられている。

さらに、ロサンゼルスなど、アメリカの複数の地域の市長が、「不法移民を地元警察で採用する」と言い始めているのだ。

これは、ハザールマフィアらが一般市民から電柱に吊るされる前に必死で「外国人の用心棒」を確保しようとしている最後の抵抗だとしか思えない。

「生命に反する政策」を取り続けた悪魔崇拝者たち

アジアの結社は、十数年前、欧米を支配する特権階級に宣戦布告している。

そのとき、筆者はアジア結社の代理としてローマに行き、欧米勢の結社の要人らと会ってきた。

当時の彼らは、「これから第三次世界大戦が起き、大規模な人類の削減が行われる」と信じているようだった。それに対し、アジア側は、「戦争をするのではなく、世界各国がともに繁栄していく世界を構築しよう」と呼びかけていた。

そのころ、日本でも与党が自民党から民主党に代わり、それを機に欧米から独立しようとする動きが見られた。

しかし、２０１１年3月11日に東日本大震災という大テロ攻撃にあい、日本政府は再び欧米の特権階級に降伏した。

それ以降、日本の総理大臣や政府幹部は、より従順な欧米勢の奴隷となり、いまも悪魔崇拝カルトがつくったシナリオを読み上げ続けている。

その結果、日本は死に神に取り憑《つ》かれた。２０２３年、日本の人口は83万人も減少し、そのうちの40万人以上が新型コロナワクチンで殺されたのだ。

これは、決して偶然の出来事ではない。

欧米の特権階級、とくに悪魔崇拝者たちが、長いあいだ「生命に反する政策」を取り続けてきた結果である。

その証拠に、現在の地球は約６５００万年前の恐竜絶滅を超える危機的状況（動植物の大量絶滅）に直面している。

さらに、彼らが金融経済を支配するすべての国で、長期的な「出生率の低下」が続いており、このまま少子高齢化が加速すれば、人類の絶滅は避けられない。

最近も、彼らは国連などの国際機関を利用し、「女性の権利」や「ＬＧＢＴ（レスビアン、ゲイ、バイセクシャル、トランスジェンダー）の権利」と称し、堕胎や子どもの去勢手術を推進している。

世界の8割が上海協力機構とBRICSの影響圏にある

悪魔崇拝カルトの世界支配が、終わりを迎える兆しが見えてきている。

具体的な動きとして、アメリカのFRBが2023年3月11日に実施した重要な銀行救済プログラムのひとつが1年間で終了した。これにより、アメリカの大手金融機関の多くが存続の危機に瀕している。

また、2011年の「東日本大テロ」を主導した黒幕の多くも、すでにこの世を去っている。

まだ生存しているのは、イスラエルのネタニヤフ首相ともうひとりだけだが、ネタニヤフも現在、世界から完全に孤立している。

たとえば、以下のような情勢が報じられたことからも、それがわかる。

米民主党上院トップのシューマー院内総務は14日、イスラム原理主義組織ハマスとイスラエルの戦闘が続くパレスチナ自治区ガザの情勢を巡り、同国のネタニヤフ首相が「和平の大きな障害になっている」と述べ、ネタニヤフ氏が率いる右派連立政権の退陣を求めた。米議会の最有力者が同盟国イスラエルの指導者を批判するのは極めて異例。

（『産経新聞』２０２４年3月15日）

記事によると、チャック・シューマー院内総務はユダヤ系であり、これまで親イスラエルの立場を取ってきたアメリカ政界の重鎮だ。

現在、アメリカのほかの政治家やユダヤ人コミュニティの指導者たちも、同様の呼びかけを行っている。

ペンタゴンの情報筋によれば、「アメリカは近々、軍隊をイスラエルに派遣し、ネタニヤフを逮捕、もしくは暗殺する計画を立てている」という。

そのため、ネタニヤフの終わりは時間の問題とされている。

また、３１１の首謀者のもうひとりの生き残りは、悪魔崇拝グループの幹部を自称するイタリア貴族だ。

しかし、彼もイタリア当局と特殊部隊から犯罪者として追われ、現在はアメリカのフロリダ州のどこかに身を隠しているとされている。

悪魔崇拝グループの高級幹部であるロスチャイルド一族も、いまや完全に追われる身となっている。

311のころに権力を振るっていた一族の主要メンバーの多くは、すでに死亡し、2024年2月26日にロンドン家の長老だったジェイコブ・ロスチャイルドの死去が公にされてからは、ほかのロスチャイルド一族やイギリス王室の多くのメンバーも、公の場から姿を消している。

また、フランスのマクロン大統領が権力の座から追われる日が近づいている。

フランス軍の幹部筋によると、彼もロスチャイルド一族の一員だとされている。

マクロンは、激しい抗議活動を続ける一般市民への射殺命令を出したときや、ロシアとの戦争準備を指示したときも、フランス軍から完全に拒否されている。

さらに、フランス軍のアンドレ・クストゥ元将軍がマクロンを「フランスの敵だ」と吐き捨てるように言い放っている動画もSNS上にアップされている。

アジアの結社筋によると、こうした動きが加速した大きなきっかけのひとつは、BRICS諸国が悪魔崇拝者に支配されるアメリカとイギリスに対し、経済制裁、武器禁輸、外交制限などの制裁を始めたことだという。

実際問題として、現在、世界GDPおよび世界人口の約8割が、上海協力機構とBRICSの影響圏にある。

もしアメリカが早々に降伏しなければ、BRICSの制裁はさらに拡大し、西側の経済は壊滅してしまう可能性がある。そのため、欧米の改革勢力は、穏便に降伏させるために、悪魔崇拝者のパージを加速させている。

日本も、彼らの手先であるエマニュエル駐日米国大使を国外に追放すれば、再び独立国家に戻れる。

これまで日本の裏の権力者たちは、地震兵器による攻撃を恐れ、独立宣言をしてこなかった。

しかし、いまや西側の改革勢力も地震兵器を所持しており、もう彼らの攻撃を恐れる必要はない。日本は、すぐにでも新たな維新を起こすべきだ。

おわりに　世界経済が再起動する「たったひとつの条件」とは

終わりのときが目前に迫り、危機感を抱いている、ロックフェラーを中心とした欧米の既存権力（ハザールマフィア）は、当然ながら、対抗案を練っている。

まず、「G20の枠組みのなかで、自分たちの主導権を保ちつつ、ほかの国々の権限を広げていく」と述べている。しかし、昔から、ことあるごとに、そういいながらも、なかなか実現されてこなかった。

さらに、この欧米勢は、CBDCシステムへの移行を推進し、世界人類に家畜管理番号（日本でいうマイナンバー）を振り分け、「デジタル通貨で最低限所得保障（ベーシック・インカム）を支給する」という案を提唱している。

彼らの計画では、人々の社会的信用を評価する「ソーシャル・クレジット（social credit、信用格付け）」を設定するようだ。

その格付けにより、政府に従順ではない人間にはデジタル通貨の使用を制限することで、社会の中央管理を強化しようと考えているのだ。

また、ハザールマフィアは、数年前からＷＨＯ権限の強化、拡大を大々的に主張してきた。いわゆる「パンデミック条約」だ。

その内容は、ＷＨＯトップの独断で、世界のどの国でも、理由を問わず、強制的に「公衆衛生上の緊急事態宣言」を発令できるというものだ。もし、そうなれば、各国の国家権限は容易に奪われることになる。

しかも、彼らの計画では、パンデミック条約とＣＢＤＣシステムを連動させ、独裁的な世界支配体制を確立するつもりだった。

しかし、アフリカを中心とした多くの国が猛反対したことで、ＷＨＯのパンデミック条約は合意にいたらず、ハザールマフィアの国家権力略奪計画は失敗に終わった。

そこで、彼らは次の案として、ＣＢＤＣやＢＲＩＣＳ通貨とは別の「欧米主導の新国際通貨」の発行を目指していると、ＭＩ６筋は伝えている。

しかし、アメリカ軍は、その案に反対しているという。欧米の実体経済は崩壊寸前の深刻な状況にあり、その新通貨の価値を裏づけるだけの体力がない。ハザールマフィアの案では、アメリカ軍が潰れてしまうことを理解しているからだ。

そもそも、ＩＭＦなどが公表しているＧＤＰデータは大ウソである。

アメリカ軍筋によると、中国はアメリカより「2倍の電力」「12・6倍の鉄」「22倍のコンクリート」をつくっている。

また、自動車の年間販売台数も、アメリカが1561万台なのに対し、中国は3009万台で、93%も多い。

さらに、スマートフォンの年間販売台数を見ても、アメリカが1億4400万台で、中国はその約3倍の4億3400万台だ。

つまり、金融というバーチャルを除いた実物ベースの経済で比較すると、「中国のほうがアメリカの倍以上も大きい」というのが現実である。

そのため、アメリカの軍や当局の改革勢力は、新たに誕生する多極世界の枠組みを支持している。

そのなかで、国際法に則《のっと》ったかたちで、「国際社会の用心棒的な役割」を担いたいと考えているという。

そして、いま、その多極世界の枠組みを発足させるために、彼らはゴールドに裏づけられた100兆ドル分の債券の発行を提案している。

今後の課題は、BRICSと欧米の改革勢力とのあいだで、お互いが納得できる妥協案を見いだせるかどうかである。その後、世界経済は再起動へと向かっていく。
なお、本文中の数値や人物の肩書きは2024年8月末時点のものである。

2024年8月

ベンジャミン・フルフォード

再起動《さいきどう》する世界経済《せかいけいざい》

「闇《やみ》の支配者《しはいしゃ》」が仕組《しく》んだ 米中《べいちゅう》の解体《かいたい》と権力者《けんりょくしゃ》たちの退場《たいじょう》

2024年10月11日　第1刷発行

著　者　ベンジャミン・フルフォード

ブックデザイン　長久雅行
構　成　大根田康介

発行人　畑 祐介
発行所　株式会社 清談社Publico
〒102-0073
東京都千代田区九段北1-2-2 グランドメゾン九段803
TEL:03-6265-6185　FAX:03-6265-6186

印刷所　中央精版印刷株式会社

ISBN 978-4-909979-68-1 C0033

清談社
Publico

https://seidansha.com/publico
X @seidansha_p
Facebook https://www.facebook.com/seidansha.publico